ESQUISSES

DES

MOEURS FRANÇAISES

A DIFFÉRENTES ÉPOQUES.

NOUVELLES.

DÉDIÉES A MM. J. LAFITTE ET DE LANNEAU.

Par M.-P. Goubaux.

PARIS,

ARTHUS BERTRAND, LIBRAIRE,

RUE HAUTEFEUILLE N° 23.

1822.

ESQUISSES

DES

MOEURS FRANÇAISES

A DIFFÉRENTES ÉPOQUES.

NOUVELLES.

ESQUISSES

DES

MŒURS FRANÇAISES

A DIFFÉRENTES ÉPOQUES.

NOUVELLES

DÉDIÉES A MM. J. LAFITTE ET DE LANNEAU.

Par M.-P. Goubaux.

PARIS,

ARTHUS BERTRAND, LIBRAIRE,

RUE HAUTEFEUILLE, N° 23.

1821.

PRÉFACE.

Une préface est un coin où l'auteur se réserve le droit de se montrer à son lecteur; comme l'auteur est toujours le sujet le moins intéressant de son livre, on lit bien peu de préfaces. Mais comme elles sont aussi des précautions oratoires conseillées par la crainte, on en fait toujours. Qu'on m'accorde donc deux pages pour expliquer le plan de cet opuscule et les raisons qui m'ont déterminé à le livrer incomplet au public.

On a répété souvent que nos historiens, occupés des résultats politiques, avaient trop négligé les mœurs de la nation, et que leurs récits, consacrés aux affaires des rois ou aux querelles des grands, nous avaient laissé ignorer la manière de vivre de nos pères : ces reproches pourraient bien avoir quelque chose de vrai; il était d'ailleurs assez naturel de ne pas s'occuper d'une partie de la nation qui ne paraissait jamais active, quoique tous les mouvemens vinssent d'elle : quand on ne veut que savoir l'heure, il est inutile d'aller regarder les ressorts de cuivre cachés par le cadran où se promènent deux aiguilles d'or. Je pensai cependant que la connaissance des mœurs mêmes du peuple proprement dit, si elle n'était pas utile pour l'expérience, pourrait être intéressante pour la curiosité.

Si l'on remonte jusqu'aux Francs, combien de fois nos aïeux ont changé de manière d'être, de penser ! que de révolutions dans le gouvernement et dans la croyance, les habits et la religion, les contrats et les cérémonies ! Quels longs traités on pourrait faire sur chacun de ces sujets. Je me rappelle avoir vu un volume entier sur la chevelure ; mais toutes ces variations, après en avoir tiré les témoignages des chroniques et des mémoires de chaque époque, comment les offrir au lecteur ? fallait-il suivre chaque institution, chaque mode, dans toutes ses périodes, dans tous ses changemens, descendre par gradation de l'adultère puni chez les Francs, à l'abrogation de la loi du divorce, ou de la saie gauloise au pantalon à la Wellington. Cette forme, plus favorable au développement d'une profonde érudition dans les codes et la toilette du moyen âge, n'aurait pas été, je crois, la plus agréable au lecteur.

L'ordre alphabétique du dictionnaire, plusieurs fois adopté, n'a rapporté pour salaire, à ceux qui l'avaient employé, que l'avantage d'être consultés plutôt que d'être lus. C'eût été beaucoup pour un premier début qu'un pareil succès; j'ai voulu plus, et peut-être ai-je échoué. Je croyais pourtant qu'il serait possible de choisir, au milieu du mouvement de tant de siècles, des époques où les mœurs et les institutions auraient été fixées par de grands exemples et de grandes autorités. Dans les coutumes et les idées il y a, pour ainsi dire, des temps d'arrêt, comme dans la littérature certains âges ont un caractère plus marqué. Après quelques réflexions je crus avoir trouvé des tableaux qui me parurent variés.

Les Francs en Germanie offraient toutes les vertus d'une nation au berceau et toute la férocité d'un peuple enfant, fier d'avoir des armes et d'être fort, et qui n'a pas encore assez de raison pour savoir que la force et les armes doivent repousser et non attaquer.

Sous Charlemagne, une religion de paix, se pliant aux vieilles habitudes d'hommes belliqueux; des institutions sages, mais presque toujours incomplètes et quelquefois imprévoyantes; un peuple brave et bon, soumis à la double tyrannie de seigneurs cruels, parce qu'ils voulaient être maîtres absolus, et de prêtres méchans, parce qu'ils étaient superstitieux : c'étaient là de bien grands sujets de réflexions, de bien beaux matériaux.

Les souffrances du peuple des campagnes sous un esclavage organisé, son émancipation, l'abus qu'il fait de sa force à son réveil, les horreurs du fanatisme sous la Ligue, les bons mots et les combats de la Fronde, les lettres portées au plus haut degré de gloire sous un prince qui les protégeait par goût et sous des grands qui l'imitaient par ton, voilà encore de riches données dont l'intérêt est puissant, et si le public jugeait que mes couleurs ne soient pas trop pâles, car je promets qu'elles ne seront jamais fausses, dans quelque temps j'oserais lui offrir quelques essais sur les sujets dont je viens de parler; si, au contraire, j'échoue à mon entrée dans une carrière que j'aimerais pourtant bien parcourir, je lègue mon idée et mon plan à l'écrivain habile qui voudra bien consacrer une partie de son talent à raconter la vie, les malheurs et les folies de nos pères.

La régence et le règne de Louis XV offraient aussi plus d'un tableau; mais pour traiter une pareille matière, il faudrait s'armer d'indignation comme Gilbert, ou se jouer avec le vice comme Louvet; pour mon bonheur, je n'ai pas la vertu implacable du premier, par goût je n'envie pas le talent du second. Je me suis donc toujours proposé de sauter à pieds joints par-dessus tout le temps qui sépare Louis XIV de notre époque.

Après les charmans ouvrages publiés sur les mœurs de nos jours, j'ai osé essayer de donner quelques idées du monde de 1817, et mon principal but en publiant cette époque long-temps avant son tour a été de faire reposer le lecteur sur un sujet plus riant et plus connu, après l'avoir attristé (je n'ai pas eu le courage de dire ennuyé) par deux récits un peu sombres.

Je n'ai plus qu'à dire le motif qui m'a déterminé à publier cet ouvrage incomplet ; je n'en ai pas eu d'autre que la crainte d'échouer ; j'aime mieux tomber en un volume, qu'en deux ou trois ; la chute est moins lourde, et si je cherchais bien dans mon cœur, je trouverais, je crois, que j'étais pressé par le désir de publier l'anecdote qui suit.

ANECDOTE

DE 1821.

—✦—

Etranger aux affaires des hommes et aux intrigues du monde, G*** était arrivé à vingt-cinq ans; ses études ne lui avaient pas encore donné l'expérience, il ne pouvait plus l'acheter que par le malheur.

Jusqu'alors vivant dans une obscure médiocrité qui aurait pu suffire à ses vœux, s'il n'avait pas eu une famille qui devenait nombreuse pour sa fortune, il écouta avec plaisir les propositions d'établissement qu'on vint lui faire. On lui demandait son industrie pour une maison qu'il devait diriger et dont on devait faire les fonds. Un acte qui l'enchaînait fut signé avec autant de bonne foi que d'imprévoyance.

D'abord la confiance dont l'avait entouré une vie sans tache, la protection hautement prononcée de M. D***, le plus respectable comme le plus bienfaisant des hommes, fit concevoir un heureux espoir de réussite. Mais à peine deux mois s'étaient écoulés que déjà on lui refusait de quoi satisfaire à des sacrifices indispensables, et qu'abusant de la chaîne qu'on lui avait imposée on voulut l'associer à des scandales publics. La banqueroute et la honte devenaient inévitables. G*** voulut rompre une société trop funeste : une demande en rupture le livra tout entier à son associé ; bientôt il fallut opter et accepter une cession avec des charges impossibles à remplir, ou partager un courage que n'effrayait pas le déshonneur.

Le malheur présent suffit pour accabler l'homme ; combien il est plus faible encore quand l'espérance n'est pas là pour le soutenir ! G*** n'eut pas long-temps la force

de souffrir seul ; il confia sa déplorable position aux amis dont le cœur lui était connu,
non pas à ces amis du monde que l'intérêt
ou la circonstance vous donne et qu'un
revers ou l'oubli vous enlève, mais à ces
amis vrais et bons, à qui l'enfance vous a
unis ou que le ciel vous a accordés, qui,
avant le malheur, craignent, espèrent avec
vous, et lorsqu'il est arrivé, s'ils ne peuvent
vous prêter un autre appui, vous soutien-
nent de leur courage. G*** était soulagé de
ces entretiens si pleins de confiance et d'é-
panchemens, et son cœur était moins gros
de tous les pleurs que ses amis avaient
versés.

Un homme surtout avait rappelé pour
quelques instans le calme dans son cœur.
Prenant sur lui l'ascendant que donne la
vertu éprouvée, M. D*** lui avait défendu
la plainte et ordonné la fermeté. Alors seulement il avait découvert à son protégé,
pour ranimer son courage, tout ce que

celui-ci lui devait. M. D***, instruit des chagrins que G*** lui cachait, avait cherché à ménager ses intérêts. Craignant qu'il ne se manquât à lui-même, il avait hâté chaque jour sa marche vers le succès par des sacrifices qu'il lui avait laissé ignorer jusqu'alors.

Combien tant de générosité attendrit G***. Mais bientôt il allait se retrouver avec le malheur; la crainte d'abuser des bontés de son bienfaiteur l'avait empêché de lui dire combien était prochaine l'époque des premiers paiemens qu'il aurait à faire; on était au 1er février, et le 5 il fallait acquitter 3ooo francs de billets.

Le jour entier s'était passé dans les occupations qui interrompent la douleur, lorsqu'elles ne la font pas oublier : mais le soir avait rapporté la réflexion et le désespoir.

Autour de G*** étaient réunis tous ceux qui allaient partager son sort, déjà anéantis comme lui de leur malheur prochain. On ne pourra se peindre leur déplorable situation, si l'on n'a jamais vu une famille assemblée pour pleurer ensemble et calculant à loisir l'instant inévitable de sa ruine. Debout, appuyé en silence contre la muraille, tenant dans sa main la main d'un ami qui ne le quitta pas dans tous ces jours de douleur, G*** n'avait pas la force d'adresser un mot de consolation aux êtres chéris qu'il entraînait avec lui dans la misère : tantôt ses regards, qui s'échappaient du milieu de ses larmes, semblaient leur dire : Vous allez être bien malheureux ; tantôt ses yeux, se promenant autour de lui avec lenteur, semblaient faire des adieux aux objets qui l'entouraient, ou s'arrêtant sur les livres d'une bibliothèque lentement amassée, paraissaient dire : Ces amis-là aussi vont me quitter.

Au milieu des plaintes et des réflexions par lesquelles on cherche à apaiser ou l'on se plaît à aggraver sa douleur, l'un de ceux qui pleuraient avec G*** s'écrie : — Eh quoi! dans la même ville, tant de luxe et tant de besoins! ici la misère, à quelques pas de nous l'opulence qui du superflu qu'elle prodigue à ses caprices soulagerait tous nos maux! — Combien de fois, répliqua G***, j'ai été tenté de m'adresser à quelque riche, de lui exposer naïvement mon infortune, de lui demander son appui, en ne lui promettant que de la reconnaissance! — Pourquoi vous récrier? quand la plainte du pauvre arrive jusqu'à l'oreille du riche dans toute sa franchise, sans être balbutiée par la crainte ou altérée par la flatterie, il est rare que le pauvre ne soit pas secouru. Oui, s'écria-t-il avec une espèce d'enthousiasme, j'essaierai le cœur de l'homme que vous décriez tant. Choisissons parmi ceux que leur richesse et leur bienfaisance signale à la reconnaissance publique. M. L*** réunit l'amour des pauvres à l'estime de ses concitoyens; eh bien! je lui écrirai, et nous verrons s'il n'est plus de secours pour nous parmi les hommes.

Le lendemain matin il écrivait la lettre qui suit :

« Monsieur,

» J'ai vingt-cinq ans, trois enfans, de » l'honneur, je le sais; peut-être quelque » talent, on me l'a dit. On a spéculé sur » un nom sans tache pour élever un éta- » blissement; on a voulu y introduire le » désordre et le scandale, j'ai dû rompre, » je l'ai fait. Alors on m'a dit : Tu veux » être honnête, sois malheureux. Douze » mille francs de dettes pèsent sur moi, » dans trois jours le déhonneur m'attend.

» Quand les hommes nous repoussent, » on s'adresse à la Providence. J'ai recours » à vous. M. D***, qui me traite en fils » adoptif, vous dira qu'un bienfait sollicité » avec tant de franchise peut être accordé

» avec confiance. C'est l'honneur pauvre
» qui s'adresse à l'honneur riche.

   » Mon sort est entre vos mains; j'attends
» votre réponse dans votre antichambre;
» ma famille attend plus loin. Ai-je trop
» présumé.

        » J'ai l'honneur d'être, etc. »

Son plan est formé; il remettra la lettre
à un domestique qui lui rapportera la réponse; ainsi il échappera à des regards cu-
rieux et à la honte d'un refus fait à lui-
même. S'armant de courage, il part après
avoir embrassé sa femme, comme s'il allait
courir quelque danger. Il ignorait la demeure du banquier, un pauvre commis-
sionnaire la lui apprit.

Pendant le trajet, quel combat d'espérance et de crainte. Il désirait arriver pour
abréger son tourment, et lorsqu'il fut sur
le seuil, il lui sembla qu'il arrivait trop tôt.
On lui indique au fond d'une longue cour

les bureaux de M. L***. Il pénètre dans une première salle, elle est déserte, mais une inscription placée sur une porte latérale lui indique que là est le cabinet de celui qui va peut-être devenir son bienfaiteur. Long-temps il attend sans oser y pénétrer; on sort, on entre autour de lui, il hésite encore, avec plus de courage on aurait pu hésiter comme lui. Il ouvre enfin la porte, là doit se trouver quelque domestique qu'il chargera de sa lettre; mais il ne voit que des commis attentifs qui ne s'aperçoivent même pas qu'un étranger est parmi eux; il demande comment il pourrait faire parvenir une lettre à M. L***, voici son cabinet, répond-on, donnez-vous la peine d'entrer; il ne lui est plus possible de reculer, il entre, tout tremblant; il traverse une grande salle au fond de laquelle est un bureau qui lui fait face. — Monsieur, voici une lettre dont je désirerais que vous prissiez connaissance. — Il la prend , et G*** fait quelques pas pour se retirer. — N'y a-t-il pas de réponse?—Je vous demande pardon, je vais l'attendre. —Donnez-vous la peine de vous asseoir. Jamais politesse gracieuse ne fit un semblable effet. G*** était anéanti; il se rangea près de la cheminée, et attendit. Déjà M. L***, oubliant quelques personnes qui entouraient son bureau, ouvrait la lettre et la lisait avec attention. Chacun de ses regards, de ses gestes, était interrogé, interprété par le malheureux agonisant. M. L*** venait d'achever sa lecture, levant la tête, et s'adressant à G***, en lui montrant la lettre des yeux : C'est vous, monsieur, lui dit-il? Une simple inclination de tête fut toute la réponse du pauvre sollicitant qui n'aurait pu prononcer un seul mot. Un geste l'invita à prendre un siége. Comme elles se prolongèrent les cinq minutes pendant lesquelles M. L*** congédia les personnes qui l'entouraient. Elles sortirent enfin, et l'homme généreux s'approchant du suppliant : — Vous êtes donc bien malheureux, lui dit-il. On lui répordit un *oui* étouffé; et continuant d'un ton plein d'intérêt : Vous me parlez de M. D***, j'aurais besoin de causer avec lui; croyez-vous qu'il voulût se donner la peine de venir me voir? — Je l'espère. — Eh bien! dites-lui que je l'attendrai dimanche. — Quelle heure! — Toute la journée.

Si cette première démarche était d'un heureux augure, d'un autre côté il s'agissait d'un intérêt si important que la crainte était bien permise. Il faut l'avouer cependant : l'espérance l'emporta. Pendant les deux jours d'attente M. D***.fut instruit, G*** convint avec lui de l'heure du rendez-vous, et le dimanche à une heure ils montèrent en voiture. Le trajet fut silencieux; on arrive, on monte dans les appartemens, M. L*** averti se rend dans le salon où il était attendu, et s'excuse avec une bienveillance pleine de franchise d'avoir tardé quelques instans. G*** s'éloigne pour laisser converser ensemble ces deux hommes de bien qui ne se connaissent que de nom et qu'une bonne action réunit. Retiré dans un coin de l'appartement, il ne voyait, n'entendait plus rien. Est-il possible que le cœur batte avec tant de violence sans se briser?

Deux âmes vertueuses s'entendent bientôt; au bout de quelques minutes: —Approchez, dit M. L*** à G*** d'un ton fait pour le rassurer, nous causons de vous. L'estime de M. D*** vaut mieux qu'une apostille, et si je le puis, je suis disposé à vous seconder. Pour combien de temps avez-vous besoin de la somme que vous demandez? — M. D*** répondit à cette question, et fixa le terme à trois ans. — C'est bien long, et avez-vous quelque garantie....? — Aucune! et si vous m'accordez ce que je demande, il faut vous fier entièrement à moi. — Je ne serai pas moins confiant en votre honneur que vous ne l'avez été en mon désir d'obliger. — Hélas! je ne vous trompais pas, quand je vous peignais l'urgence de mes besoins. — Tranquillisez-vous; quand j'ai le bonheur de pouvoir obliger, j'ai pour principe de le faire de suite et avec le moins de charges possible. Je suis fâché que ce soit aujourd'hui dimanche; il faudra que vous ayez la complaisance de repasser demain, la caisse sera ouverte et vous pourrez y puiser. Puis, après quelques instans : Mais je n'oublie pas que vous avez des heureux à faire; que je ne vous retienne pas. On vous attend sans doute.

Avec une grâce plus douce encore que le bienfait, il reconduisit M. D*** attendri jusqu'aux larmes, et G*** ivre de bonheur et de reconnaissance.

Le lendemain sur un simple reçu, sans aucune des précautions que l'usage a éta-

blies, il faisait compter la somme deman-
dée à celui qui dès cet instant lui a consacré sa vie, et qui le soir lui adressait la
lettre suivante :

« Monsieur,

» Mon bonheur serait incomplet, si au
» plaisir de le goûter je ne joignais encore
» celui de vous en rendre grâces. Que je
» vous plains de n'avoir pu voir les trans-
» ports d'une famille entière à qui vous
» ordonniez de ne plus pleurer, de n'avoir
» pu entendre ces mots si simples, mais
» si énergiques : Le brave homme ! Comme
» ils étaient prononcés de bon cœur, et
» comme chacun de nous eût voulu vous
» embrasser ! Ah ! si jamais j'ai maudit l'é-
» tiquette c'est au moment où rendu par
» vous à la vie, à l'honneur, j'étais obligé
» de me tenir froidement assis et de garder
» un respectueux silence, tandis que j'au-

» rais voulu éclater en bruyans trans-
» ports. Si je m'étais laissé aller à vous ai-
»·mer, si je ne vous avais pas aussi admiré,
» j'en tremble pour vous, mais vous n'au-
» riez pas évité l'accolade. Une chose en-
» core à vous demander! vous qui obligez
» si bien, ne laissez pas le bienfait impar-
» fait; la première fois que je vous verrai,
» tendez-moi la main.

» J'ai voulu vous écrire ce soir pour
» que votre dernière pensée se reposât sur
» une de vos bonnes actions. Un roi de
» Macédoine se faisait répéter tous les ma-
» tins : Souviens-toi que tu es homme. Et
» moi je voudrais chaque soir, sylphe in-
» visible, murmurer doucement à votre
» oreille : Dors du sommeil des bons, parce
» que tu as fait des heureux.

» Adieu, monsieur, chaque jour on vous
» bénira ici; quelquefois je vous importu-
» nerai de ma visite, car je viens de lire
» dans La Bruyère qu'on aime à rencon-

» trer les yeux de celui à qui l'on a fait
» du bien. »

Je n'ajouterai plus qu'un trait à ce tableau que je me suis peut-être trop plu à
décrire. Le lundi matin, de très-bonne
heure, un domestique était venu avertir
G*** que M. D*** désirait lui parler; il se
rendit près de lui avec empressement et
fut surpris de le trouver au lit. — Seriez-
vous indisposé? lui demanda-t-il avec inquiétude? — Depuis quatre jours je suis
mal à mon aise et je reste couché. — Que
dites-vous? hier vous m'avez accompagné
chez M. L***. — Il est vrai; je vous avais
donné rendez-vous, et pour que vous n'eus-
siez pas à me remercier je me suis levé
avant l'heure où je vous attendais.

Ames généreuses, pardonnez à ma plume
indiscrète d'avoir publié des bienfaits que
vous avez peut-être oubliés; j'ai voulu

épancher la reconnaissance d'un homme qui vit par vous et vit heureux.

De brillantes déclamations ont calomnié le siècle et les hommes; je n'avais pas assez de talent pour y repondre; j'ai rapporté un fait dans toute sa simplicité; j'ai écrit sous la dictée de mon cœur.

NOUVELLES.

CAMMA.

CAMMA,

OU

LES FRANCS.

⸺◦⸺

A Rome, la famille des Cassius se livrait à la joie la plus vive ; les portes étaient ornées de guirlandes de fleurs ; on célébrait le festin du retour. Le vieux Cassius venait de retrouver un fils que deux ans il avait cru perdu. Dans la salle du repas étaient réunis les parens, les amis ; les libations d'actions de grâce avaient coulé sur les tables, la coupe avait passé de main en main, et tous avaient bu au retour inespéré du jeune Cassius.

Octavia, la douce Octavia, sa sœur, tenait fixés sur lui des regards attendris. Mais son père, au milieu de sa joie, laissait entrevoir quelque inquiétude. — Mon fils, lui

1

dit-il, je n'ai pas voulu troubler les premiers momens de notre allégresse ; mais, réponds-moi, pendant les deux années qui viennent de s'écouler, quels lieux as-tu habités ? qu'as-tu fait pour ton pays ?

A ces mots le jeune Cassius rougit : — Bien des maux, dit-il, ont tourmenté ma vie, et ce n'est qu'avec peine que je porterai mon souvenir sur des époques de misère et de douleur ; mais je répondrai à mon père avec la franchise d'un soldat. Tous prêtèrent une attentive oreille, et Cassius commença.

Vous vous souvenez du départ de Germanicus que j'accompagnais ; la renommée redit ses exploits contre Arminius, sa piété pour les légions de Varus privées de sépulture. Vainqueur d'un ennemi jusqu'alors invincible, il voulut tenter des chemins nouveaux et pénétrer dans un Océan inconnu. Vous avez appris l'horrible tempête qui accueillit nos vaisseaux. L'histoire redira nos désastres, les efforts et la douleur du jeune héros qui nous commandait.

Le vaisseau sur lequel je me trouvais, brisé par la tempête, nous laissa à la merci des flots. Mon bouclier que je n'avais pas quitté m'offrit un soutien au milieu des ondes; séparé de mes compagnons d'infortune, je nageai long-temps; épuisé de fatigue, au moment où les forces allaient me manquer, j'abordai sur un rivage inconnu.

Trois jours la mer garda ses ténèbres et ses tempêtes, et lorsque la lumière reparut je n'aperçus plus aucun vestige de notre flotte. J'étais dans une île inhabitée, et en face de moi apparaissait à travers les brouillards une terre éloignée. Il fallut me soutenir avec des fruits sauvages : je ne pouvais espérer de gagner, en nageant, le rivage que je découvrais à peine; j'abattis quelques arbres, je construisis un radeau, et sur ce frêle esquif je m'abandonnai au dieu de la mer. Vous peindrai-je mes an-

goisses lorsque également éloigné de deux
terres je voyais mes efforts presque impuis-
sans pour me diriger?

Une journée entière fut employée à ce
long trajet. Enfin j'abordai, mais mourant
de fatigue, de faim, de soif. Un sentier qui
me parut frayé s'offrit à moi, je le suivis,
mais j'allais tomber peut-être pour toujours, lorsque j'aperçus une source: auprès
était un vase d'argile que retenait une légère chaîne de fer; j'y bus avidement, et
avec quelques forces je repris un peu de
courage. Avec quel élan du cœur je bénis
l'homme qui s'était souvenu du pauvre
voyageur! les fontaines que je rencontrai
de distance en distance me prouvèrent ensuite que ce que j'avais cru le bienfait d'un
seul, était la pieuse habitude d'une nation
hospitalière.

Les ténèbres étaient venues rendre ma
marche plus lente encore et plus pénible;
enfin, entre des arbres, je crus découvrir

une chaumière ; je m'y traîne, je veux frapper, la porte cède à ma main qui la pousse : j'entre, je cherche, je rencontre une espèce de lit de feuillage, j'y tombe anéanti.

A mon réveil je trouve près de moi une jeune fille dont la taille élevée et majestueuse commandait le respect, mais dont la figure pleine de candeur invitait à un sentiment plus doux. Elle semblait épier l'instant où j'ouvrirais les yeux, et me présentant un vase d'argile : — Bois cette bière bienfaisante ; mon père ce matin t'a vu souffrant, il n'a pas voulu troubler ton sommeil, mais il m'a ordonné d'attendre près de toi l'instant où je pourrais t'offrir cette liqueur pour réparer tes forces abattues. — Femme généreuse, à qui dois-je des soins si touchans ? chez quel peuple suis-je descendu ? — Nous sommes de la nation des Francs, nos ennemis nous appellent Germains ; mon père se nomme Dumnorix, et moi Camma.—Et ton père, dis-je avec inquiétude, m'a-t-il reconnu?—Oui, il m'a dit que tu étais un Romain.—Et sa haine ne lui a pas défendu de me secourir?—N'es-tu pas notre hôte maintenant?—Ton père m'a donc pardonné de m'être introduit furtivement sous son toit?—Que dis-tu donc?—J'ai profité du hasard qui m'a fait trouver cette porte ouverte.—Tu te trompes, étranger, elle l'est toujours. Ne faut-il pas que le voyageur égaré trouve un asile contre la nuit ou la tempête?—O Jupiter hospitalier, m'écriai-je, je veux aller dans ton temple te rendre des actions de grâces!

Dumnorix était rentré; il m'interrogea, et je lui racontai mes malheurs avec la franchise que méritait sa vertu. Je te plains, me dit-il, lorsque j'eus achevé, tu te trouves éloigné des tiens, et il serait dangereux de vouloir les rejoindre. Les Francs irrités par leurs ravages ne verraient en toi qu'un

traître chargé de les épier, ou qu'un prisonnier échappé à leur vengeance. Attends
parmi nous, laisse-leur le temps d'oublier
leur haine. Le repos rétablira tes forces
épuisées, le secours du ciel peut même
hâter le retour de ta santé. Aujourd'hui
doit passer par notre bourg la déesse Herta.
— Quelle est cette déesse, lui demandai-je,
et qui peut vous annoncer sa venue? — La
déesse Herta, me répondit-il, habite une
île, non loin du rivage. Dans un bois sacré, près des bords d'un lac transparent,
est un char couvert où elle descend du
ciel. Son prêtre à des signes certains reconnaît sa présence : aussitôt il fait atteler
les chevaux sacrés, et la promène ainsi dans
les bourgs du Germain. Pendant son séjour
sur la terre, les guerres sont interrompues,
les ressentimens s'endorment; son passage
répand partout la fécondité, et rend la vie
aux hommes ainsi qu'à la terre. Viens avec
moi sur le seuil de la cabane, offre-toi à la

salutaire influence de la déesse, et reprends les forces que la jeunesse ne perd jamais que pour un instant.

Quelque temps après nous entendîmes résonner la trompette.—La déesse approche; viens, appuie-toi sur moi. Nous sortîmes, et je vis de loin s'avancer une foule immense. Elle précédait un cortége de quelques prêtres guidant huit chevaux blancs, qui traînaient un char exactement recouvert, où était renfermée, disait-on, la bienfaisante déesse. Venait ensuite son premier pontife qui se faisait suivre des riches offrandes des peuples. Sur tous les visages brillait la plus vive allégresse, et des chants de joie accueillaient partout la déesse de la fécondité.

Lorsque la foule se fut écoulée : — D'où vient, dis-je à Dumnorix, qu'au milieu de l'ivresse générale quelques ministres de Herta portaient dans tous leurs traits l'empreinte de la tristesse ? — C'est qu'ils pré-

voient, me répondit-il, leur mort prochaine. Lorsque Herta sera de retour dans
le bois sacré, ils laveront dans les eaux du
lac et les chevaux et le char. On dit même
qu'ils y baignent la déesse, et ils paient de
leur vie l'honneur de l'avoir touchée. Je
frémis, en pensant que partout au culte
d'un dieu bienfaisant les hommes avaient
mêlé quelque rite inhumain.

— Hôte généreux, repris-je après un moment de silence, je dois m'acquitter d'un
vœu envers les dieux : guide-moi, je t'en
prie, vers le temple le plus voisin. — Nous
n'avons pas de temple, me dit Dumnorix,
nous savons que quelques peuples renfer-
ment dans l'enceinte d'étroites murailles
ces dieux dont la puissance s'étend partout. Ils façonnent des simulacres à leur
image; mais les impies seuls peuvent avilir
ainsi des dieux ; c'est dans la solitude des
bois, c'est loin de la contagion de l'homme,
sur un rocher escarpé, au milieu des vents

et des tempêtes, que nous nous adressons à la Divinité. Il nous semble que plus l'œil embrasse d'étendue, plus l'âme se rapproche du ciel. Vois ce bois, celui-là est consacré à de terribles mystères, n'en approche jamais; mais va de ce côté, tu trouveras la solitude qui fait rentrer en soi-même, et les prodiges de la nature qui annoncent la présence d'un Dieu.

C'est en de semblables discours, où à chaque instant se montrait le bon cœur de mon hôte, que se passa la journée entière. Le lendemain il vint me visiter, et comme je le remerciais de ses soins.—Et comment ne serais-je pas bon, me dit-il, je suis heureux? Tu as vu ma fille Camma: plus belle que toutes ses compagnes, elle les surpasse en vertu, elle est riche en avis prudens, et s'il est vrai, comme nous le croyons, qu'il y ait quelque chose de divin dans une femme, Camma plus qu'une autre touche au ciel.

Rigimer, le plus vaillant de nos guerriers, celui que la nation s'est choisi pour
duc, Rigimer m'a dit : Dumnorix, donne-
moi ta fille, sa sagesse m'éclairera. Dans
deux nuits Rigimer est mon gendre. Mais
je ne puis te faire voir mon jeune fils Clodomir, il n'a pas encore compté seize neiges,
et il me donne l'espoir de le voir un jour
proclamé le plus brave des Francs. Il y a
trois lunes, dans une assemblée de nos
guerriers, je l'ai présenté pour l'initier citoyen; en présence de tous je lui ai remis
l'épée dont il doit frapper tout ennemi de
son pays, je lui ai donné le bouclier qu'il
ne peut perdre sans être à jamais déshonoré. Il fallait que sa vaillance pût se signa-
ler : nous étions en paix ; il est allé chez un
peuple voisin chercher des combats et de
la gloire.

Camma vint interrompre son père ; elle
m'apportait le repas du matin. — Je te le
confie, lui dit Dumnorix en partant ; par

tes discours abrége pour lui les heures si longues de la souffrance. — Ton père, dis-je à Camma, t'abandonne donc ainsi chaque jour? — Nous n'avons pas de combats à livrer, répondit-elle; mon père va s'asseoir au foyer de Rigimer, et ils passent le jour à boire l'hydromel et à conter les exploits de la nation. — Rigimer dans peu doit unir son sort au tien? — Oui, mon père me donne à lui; Rigimer est vaillant, et je serai glorieuse d'un tel époux. — Et comment s'écouleront pour toi les heures de ton mariage? — Les soins du ménage, du troupeau, seront mes occupations; mes enfans auront toute ma tendresse; je ne les reléguerai pas sur le sein d'une nourrice. Déjà je les vois, nus, devant la porte de la cabane, courir avec agilité, affronter le chaud et le froid, et recevoir de leur père des leçons de courage et de fermeté : mes enfans seront braves.

Partout dans les actions, dans les discours de mes hôtes, éclatait à chaque instant l'admiration de la vaillance, et tout cependant annonçait en eux cette douceur que l'on ne trouve pas chez les peuples guerriers.

Rigimer, dans l'âge de la force, devait me donner une idée plus exacte de l'esprit de ce peuple. Je le vis le jour du mariage : il était revêtu d'un habit étroit, de diverses couleurs, d'une seule pièce, dessinant ses formes nerveuses, et descendant jusqu'aux genoux ; sur son vêtement étaient semés des morceaux de peau de bête fauve ; une chaussure de blaireau lui montait jusqu'au-dessus de la cheville du pied. Sa chevelure longue et épaisse lui couvrait une partie du visage. Camma était vêtue d'une tunique blanche brochée de fils de pourpre. — Dumnorix, dit le guerrier, je viens chercher ta fille ; et pour te prouver encore que je suis digne de toi, j'ai fait vœu de porter cet anneau de fer dont ma jambe est entravée, de laisser croître ma chevelure jusqu'à ce que j'aie teint mon épée dans le sang d'un ennemi. Alors sur son cadavre je révélerai mon front à la gloire. Dis à tes parens d'examiner les présens que j'apporte à mon épouse. J'ai laissé à la porte de la cabane une couple de bœufs; voilà la framée, l'épée et le bouclier qu'elle suspendra en trophée à la poutre de notre habitation, et qu'elle donnera à son fils le jour où il deviendra citoyen. Lorsque les parens eurent prononcé qu'on pouvait recevoir les présens : Voilà ton épouse, lui dit Dumnorix: sois brave, afin qu'elle puisse être fière; et nous, célébrons tout le jour et toute la nuit l'union de ma fille avec le duc des Francs.

Tous se livrèrent à la joie; le plus grand nombre réunis autour du foyer vidaient d'énormes vases d'hydromel; des jeunes gens, exposant leur vie pour mériter de vains applaudissemens, s'élançaient en sautant au milieu d'un espace étroit et environné d'épées menaçantes dont la poignée était fixée en terre; d'autres s'abandonnant à la passion du jeu, risquaient d'un coup de dés leurs troupeaux, leurs cabanes. Lorsqu'ils avaient tout perdu ils jouaient leur liberté, et observateurs rigoureux de leur parole tendaient les mains aux fers d'un vainqueur déshonoré.

Le lendemain Dumnorix vint me trouver. —Cassius, me dit-il, ma provision de grains est épuisée : hier j'ai prodigué ce qui me restait à mes concitoyens. Viens chez Rigimer : il sera notre hôte à tous deux. Et comme je paraissais surpris : Pourquoi t'étonner ? me dit-il : dans le partage des terres que les magistrats font chaque année je n'ai pas été heureux. Rigimer est plus riche, il faut bien qu'il nous nourrisse. Lorsqu'il n'aura plus rien à son tour, nous changerons de demeure, et nous menerons nos troupeaux dans de nouveaux pâturages. Nous partîmes ensemble. Avant d'arriver nous avions un espace immense à franchir; dans la crainte du feu, les maisons sont toutes séparées et éloignées à de grandes distances. Dans notre route nous aperçûmes devant nous un bourbier. Détournons-nons de ce chemin, me dit le Germain; ce lieu est infâme : on a enseveli dans cette fange deux lâches qui avaient pris la fuite.

Nous arrivâmes chez Rigimer : une cabane bâtie de bois, couverte de paille et dont l'intérieur était enduit d'argile, telle était l'habitation de celui que la nation s'était choisi pour chef. C'est dans cette demeure que je reçus tous les soins de l'hospitalité, c'est là qu'admirant chaque jour davantage les vertus de Camma, j'attendais que je pusse rejoindre l'armée romaine, quand l'annonce d'une guerre prochaine vint différer mon projet de départ. Un peuple du Nord, un peuple de sang se préparait à porter le ravage dans la contrée où j'avais trouvé un asile. — Vous vez accueilli dans le malheur, dis-je à Rigimer, je combattrai avec vous dans les jours du danger. On publie la guerre de toutes parts; les cliens viennent se ranger autour de ceux qu'ils regardent comme leurs maîtres; chacun d'eux promet de combattre jusqu'à la mort pour le chef qu'il s'est choisi. Les patrons, rivalisant entre eux pour le nombre et la valeur de leurs soldats, se rangèrent sous les ordres de Rigimer; on instruisit du danger de leur patrie les guerriers qui combattaient chez les peuples voisins; tous, et parmi eux Clodomir, le fils de Dumnorix, vinrent se placer sous les étendards du Lion, du Taureau.

Le jour des combats approchait; je vis Dumnorix, triste, soucieux; je l'interrogeai.—Cassius, me dit-il, l'inquiétude qui me tourmente cessera de t'étonner, quand tu sauras que les augures semblent muets sur l'événement de la guerre. Ce matin le pontife a rompu un rameau, et sur chaque morceau a inscrit des caractères mysté-rieux; il les a jetés ensuite sur un tissu du lin le plus blanc, et les ramassant au hasard il a interrogé le bois prophétique; mais la réponse de l'oracle a été obscure et sans suite; le vol des oiseaux présentant tour à tour des pronostics contraires, a redoublé notre incertitude. Alors j'ai voulu appren-dre l'arrêt des dieux, de leurs plus chers confidens. Avec le pontife je suis monté dans le char sacré, attelé des chevaux sans tache que l'on nourrit dans le bois de nos dieux; leur course précipitée, accompagnée de fougueux hennissemens, nous présageait d'abord un succès; mais bientôt elle s'est ralentie, et leur silence nous a rendu nos craintes.

Une dernière ressource nous reste en-core pour ranimer l'ardeur de nos soldats prêts à se décourager : c'est le combat de l'épreuve. De jeunes guerriers, habiles à la course, envoyés pour surprendre l'ennemi qui s'éloignerait de son camp, nous ont ramené un prisonnier. Bientôt on va donner le signal. Juge de mon inquiétude, mon fils a demandé et obtenu la permission de combattre.—Dumnorix, répondis-je, peut-être ce prisonnier pourrait nous éclairer sur des points importans, et dont la connaissance contribuerait à la victoire. Fais-le venir, interrogeons-le, et qu'il nous dise contre quels ennemis nous allons marcher. L'ordre fut aussitôt donné d'amener le prisonnier. Sa haute stature, ses cheveux épais, réunis en touffe sur le sommet de sa tête, lui donnaient un air terrible qu'augmentait encore la longue barbe qui, suspendue à sa lèvre supérieure, lui couvrait toute la bouche.

—Qui es-tu, lui dis-je? quels sont ceux qui viennent troubler le repos de ces contrées? — Je suis Odoard, répondit-il, qui dès mes premiers ans ai appris à couper un bouclier, du tranchant de mon épée. Mes frères sont les enfans du carnage. — Pourquoi venez-vous attaquer des peuples qui vivent en paix?—Parce qu'il nous faut pour frontières de vastes solitudes pour prouver à qui voudrait venir jusqu'à nous que là habite le Dieu de la désolation. _ Ne craignez-vous pas que tant de peuples injustement massacrés ne trouvent enfin des vengeurs? — Le jour d'épée et de tempête arrivera avant que la crainte entre dans nos cœurs. Le grand Serpent sera déchaîné, le loup Fenris engloutira le soleil, le vaisseau formé des ongles des morts sera mis à flot par les mauvais génies, avant que nos flèches cessent de chercher les casques de nos ennemis.—Vous ne connaissez donc pas la valeur du peuple que vous attaquez? — Qu'importe votre courage ! les filles de la Destinée ont déjà marqué ceux qu'elles présenteront à Odin après le premier combat. Nous ne fuirons pas les coups de vos épées; nous ne voulons pas, quand la vieillesse aura épuisé notre vie, être livrés à Héla, à la mort des lâches, être plongés dans l'abîme où le Dragon noir dans son vol choisit ses victimes. Nous voulons monter au Valhalla, au palais d'Odin, par l'arc coloré, par le chemin du ciel; nous voulons combattre dans les plaines des nuages et boire de la bière dans le crâne de nos ennemis. — Espérez-vous vaincre des hommes combattant pour leurs femmes, leurs enfans, leurs pères? — Nous espérons tout, parce que les victimes ont promis la victoire. Le neuvième jour de la lune, sur un autel formé de trois énormes rochers, nous avons étendu un des nôtres désigné par le sort; son sang a jailli avec impétuosité, et le prêtre en a arrosé les arbres et les guerriers. Les cris de la victime agonisante ressemblaient à des chants de triomphe, et nos femmes ont voué vos troupes à Odin. — Barbare! s'écria Dumnorix avec indignation. Mais Odoard le regardant d'un œil farouche : —On m'a dit, continua-t-il, que j'allais combattre ton fils ; va dire à son épouse qu'elle se prépare à monter sur le bûcher avec lui. Les gardes indignés l'entraînèrent vers l'arène où le peuple inquiet était déjà réuni.

Une vaste plaine devait être le champ de bataille. Son extrémité se prolongeait sur des rochers qui semblaient abandonnés par la mer et que de toutes parts entouraient de vastes précipices. D'un côté paraît Odoard à qui l'on vient de rendre la liberté et ses armes. Un bouclier aussi haut que lui, mais étroit, doit le garantir des atteintes de son adversaire. Un arc, un cimeterre, sont dans ses mains. De l'autre côté s'avance Clodomir; avec moins d'orgueil il a autant d'assurance. Une légère cuirasse, une épée, une framée, un épieu dont le bout a été durci au feu, composent toute son armure.

Les deux guerriers s'approchent; Odoard

décoche une flèche qui, avec un horrible sifflement, enlève le casque de Clodomir. Celui-ci lance son épieu, mais son ennemi a le temps de prévenir le coup et de l'éviter; ils se précipitent alors l'un sur l'autre. Clodomir a brandi sa framée, mais le bois se rompt en éclats sur le bouclier qui s'oppose à son effort; sur sa tête est levé le redoutable cimeterre; en reculant il pare le coup terrible avec son épée qui se brise et échappe à sa main. Clodomir reste sans armes.

Un cri d'effroi retentit sur le rivage, et Dumnorix va détourner la tête; mais son fils saisissant l'instant où le guerrier d'Odin lève son bras pour le frapper, se précipite vers lui, et se glissant entre son corps et son bouclier l'embrasse avec force. Odoard, à qui ses armes deviennent inutiles, jette son glaive pour embrasser son adversaire; mais le bouclier qui reste attaché à son bras gêne ses mouvemens, souvent ébranlé il tombe

enfin sous Clodomir, qui, enivré de sa victoire, veut sacrifier ce farouche soldat à sa
patrie.—Ciel! je n'ai pas d'armes, s'écrie-t-il
en cherchant autour de lui. Va prendre
mon glaive, lui dit froidement Odoard,
j'attendrai que tu viennes me tuer. Clodomir étonné le regarde : Ton courage est
digne d'un meilleur sort, lui dit-il, relève-
toi, et soyons frères. — En vain, lui répond
le guerrier barbare, tu prétends m'exclure
du palais d'Odin. J'y monterai malgré toi.
En disant ces mots, il s'élance, court, se
précipite et roule d'abîme en abîme.

Les Francs applaudissent à la victoire
inespérée qui leur en fait présager une plus
grande, et Dumnorix félicite son fils que
Camma tient embrassé.

C'était un bienfait des dieux que le succès qui rendait à un peuple abattu l'énergie
que la superstition lui avait ôtée. Il en avait
besoin dans ce jour. A peine le combat
était-il fini que l'on vit accourir des habi-

tans effrayés; l'ennemi s'avançait et sa fureur lançait partout la mort et l'incendie.
Déjà l'on se préparait au combat; mais l'on
apprit bientôt qu'il s'était arrêté; la bataille
fut remise au lendemain.

Dès le point du jour tout était en mouvement; je vis la cavalerie se former en
escadrons; entre les chevaux étaient de
jeunes guerriers qui, se suspendant à leurs
crinières, les suivaient dans leur course la
plus rapide. Exercé par une longue habitude le fantassin suivait le cavalier dans ses
tours et détours sans entraver sa marche, et
le cavalier manœuvrait sans jamais blesser
le fantassin. Rangés vers les ailes de l'armée, ils cédèrent le centre à l'infanterie,
défendue par une simple cuirasse de cuir,
mais forte de courage et d'espoir; elle était
rangée par coins dont elle présentait à l'ennemi la partie la plus aiguë; chaque ba-
taillon était distingué par les différentes
couleurs dont les boucliers étaient peints.

Dans le camp opposé tout paraissait médité pour répandre la terreur ; des cottes de mailles de fer sur lesquelles retentissait une épée suspendue à une chaîne de fer, des peaux de bêtes féroces qui couvraient le corps et dont la tête venait se rattacher sur le cimier du casque, une chevelure et une barbe épaisses, teintes en rouge, tout en eux voulait inspirer l'effroi. Pendant que les armées se rangeaient en bataille, Dumnorix faisait chanter par des bardes l'éloge d'Hercule. Toutes les dispositions du combat étaient faites ; je m'étais placé à côté de Dumnorix, résolu à défendre vaillamment celui qui m'avait donné une si généreuse hospitalité. Rigimer était partout ; sa bouillante ardeur provoquait l'ennemi de la voix et du geste ; la trompette a sonné, chaque soldat a chanté le bardit du combat, et enfin un cri général se fait entendre, un cri affreux, prolongé y répond. Je crains l'issue de ce combat, me dit Dumnorix; le cri des ennemis a été plus fort et plus long que le nôtre.

Déjà une grêle de traits tombait sur nous, et les épieux volaient dans les rangs opposés. Le premier choc fut terrible; des deux côtés une égale ardeur, un courage pareil. Pendant que de part et d'autre on faisait des prodiges de valeur, un spectacle nouveau s'offrit à moi. Je vis les mères, les épouses venir partager nos dangers. Elles apportaient à boire aux guerriers épuisés, elles excitaient leur fureur par leurs cris, par leurs exhortations; elles leur rappelaient la gloire de leurs aïeux; elles allaient chercher les blessés, les mourans sous les pieds des combattans, pour panser leurs blessures. Heureux le sort de l'habitant de ces contrées! Les derniers regards du Romain expirant sur le champ de bataille cherchent et regrettent quelque chose, le Germain meurt pour sa patrie sur le sein de sa mère, ou dans les bras d'une épouse. En quelques heures la chaleur du combàt se ralentit sans que le succès fût décidé; quelques couples acharnés ensanglantaient encore le champ de bataille; de part et d'autre la retraite sonna.

Mais la douleur et la consternation nous attendaient; Rigimer n'avait pas reparu, et partout on avait fait retentir le nom de Rigimer. Nous apprîmes enfin qu'élancé au milieu des ennemis, sans qu'aucun des siens pût le suivre, il avait succombé sous leurs efforts réunis. On rapporta son cadavre tout couvert de blessures reçues par devant. Quel deuil se répandit alors dans toute l'armée! Dumnorix, l'œil fixé en terre, tenait dans ses mains la main glacée de Rigimer, et Camma éplorée comptait ses blessures. Combien était noble encore la douleur des frères d'armes du guerrier! La honte nous poursuivra, disaient-ils; voués à toi, nous devions périr en te dé-fendant. Autour de toi, sur le champ de bataille, on aurait dû trouver le cercle pressé de nos cadavres ; mais nous jurons, sur le tranchant de notre épée, que nous n'avons pas vu tes dangers ; nous jurons, sur le tranchant de notre épée, que nous périrons après t'avoir vengé.

La nuit était arrivée ; on donna l'ordre de se retirer en silence vers de longs marais, autour desquels de jeunes arbres plantés à intervalles rapprochés et entrelacés par leurs branches formaient de forts retranchemens. La retraite se fit dans un morne silence : c'était moins une armée qu'un cortége funèbre. Quelque valeur que j'avais montrée dans le combat, quelques ordres qui peut-être avaient empêché la défaite m'avaient attiré l'estime. Tu connais mieux que nous l'art de la guerre, me dit un ancien ; nous ne savons que combattre et mourir ; dirige notre courage ; sois notre chef dans ce pressant danger.

Je garnis donc d'un poste nombreux
chaque issue ; je plaçai des sentinelles pour
avertir de l'approche des ennemis, et je
pus ensuite me livrer au pieux devoir qui
me restait à remplir. Rigimer attendait la
sépulture, et tous les apprêts de cette triste
cérémonie étaient déjà faits. Au milieu du
camp on avait élevé un bûcher d'un bois
choisi et précieux. Les soldats, le front
baissé, la douleur dans l'âme, les femmes,
s'abandonnant aux larmes et aux cris,
entouraient le lieu du dernier sacrifice.
Déjà les parens approchaient la flamme ;
j'arrêtai leurs bras. Ne craignez-vous pas,
demandai-je aux chefs assemblés, que
l'incendie que nous allons allumer ne
guide l'ennemi peut-être encore incertain
sur notre marche. Si vos coutumes vous
permettent de rendre aux morts d'autres
devoirs, choisissez ceux qui, en satisfai-
sant votre douleur, ne vous attireront pas
de nouveaux dangers.

Le conseil fut suivi ; on se mit à creuser une fosse large et profonde. Le corps de Rigimer y fut déposé. A côté de lui l'on plaça son armure ; le cheval qui l'avait porté dans les combats fut aussi descendu près de lui. Tout à coup un guerrier s'élance dans cette demeure de la mort. — Rigimer, s'écrie-t-il, l'honneur m'ordonne de mourir près de toi ; je n'ai pu te défendre des traits des ennemis, mais je ne veux pas que l'on dise que la crainte de la mort m'a retenu. Tous gardaient le silence, et cet affreux sacrifice allait s'accomplir. Germain, lui dis-je, retarde ta mort d'un jour, et elle devient utile à ta patrie.

Mes exhortations, l'espoir d'une mort prochaine et sanglante lui firent abjurer son funeste projet. Alors commencèrent les chants des bardes en l'honneur du héros ; les gémissemens des femmes accompagnaient ces chants de gloire et de douleur, et à tant d'accens plaintifs se mêlait le bruit plaintif de la terre qui résonnait sourdement en tombant sur l'armure.

J'accompagnais Camma en pleurs quand des cris éloignés m'annoncèrent la présence de l'ennemi. — Console-toi, veuve infortunée, je vais venger ton époux et ton pays. Je courus aux Germains qui se mettaient en mouvement pour marcher au-devant de leurs farouches rivaux. Arrêtez, m'écriai-je de loin, laissez les ennemis s'engager dans ces marais dont ils ne connaissent pas les gués. Laissez-leur rompre l'ordre de bataille qui fait leur force. Voyez-vous ces chaînes qui attachent leurs soldats les uns aux autres; elles vont entraver leur marche et vous les livrer sans défense. On attend dans un silence profond; les guerriers d'Odin approchent avec des hurlemens et des menaces horribles. Ils prennent pour crainte ce qui n'est que prudence, et se jettent dans les marais qui seuls les séparent de nous.

Alors le signal est donné, les issues sont ouvertes, les Germains se précipitent et fondent sur l'ennemi qui ne peut se tenir sur un terrain glissant. Plus de doute, la victoire est à nous ; mais il faut l'acheter avec du sang. Les fils du carnage, abattus, accablés, résistent encore. Les plus éloignés prennent la fuite, nous les poursuivons. Un nouveau combat s'engage. Une vaste enceinte de chariots formait les retranchemens du camp des ennemis; montées sur ces chars, comme du haut d'une tour, leurs femmes, par leurs cris, leurs menaces, forcent les fuyards à revenir contre nous ; elles-mêmes lancent tout ce que le désespoir change en armes; elles découvrent leur sein, montrent des chaînes, frappent et les leurs et les nôtres qui veulent franchir la barrière confiée à leur garde. L'une d'elles voit son époux

qui déjà échappait à nos coups et gravis-
sait sur les charriots ; elle prend son jeune
enfant par un pied, le lance avec force au
milieu des combattans. — Lâche, lui dit-
elle, va chercher ton fils ; et furieuse elle
s'élance dans la mêlée.

Jamais tant de sang ne coula, jamais
tant de rage n'anima des hommes à leur
perte. J'avais déjà reçu plusieurs blessures.
Mes armes, qui me faisaient remarquer,
attiraient sur moi les coups les plus redoutables : accablé de traits, je tombai;
les combattans s'éloignèrent ; mes forces
m'abandonnaient : j'allais périr quand les
femmes germaines et Camma à leur tête
vinrent à mon secours ; je m'évanouis dans
leurs bras.

On m'avait reporté dans la cabane de
Dunmorix ; je ne sais combien de temps
je restai dans cet état de souffrance : la
force que donne le jeune âge me rappela
à la vie ; mais en prenant une nouvelle

existence, j'avais pour ainsi dire pris une nouvelle âme. Pendant ma longue maladie, pendant ce long intervalle où mon esprit affaissé n'avait plus eu d'idées, mes premiers ans, mes premières affections s'étaient peu à peu effacés de ma mémoire. Quand la convalescence vint me rendre mes facultés, mon esprit, qui n'avait pas assez de force pour se souvenir du passé, en avait assez pour sentir; sans travail il se laissait émouvoir par les objets présens.

Sans cesse à mes côtés, Camma frappa la première mes yeux rouverts à la lumière; sa présence fit naître en moi la première sensation dont je pus me rendre compte, le premier sentiment qui me fit connaître que mon cœur battait encore. Sa main me présentait les breuvages qu'elle avait composés, posait sur mes blessures l'appareil qui devait soulager mes douleurs. Lorsqu'à mon réveil, le matin, mon œil inquiet la cherchait autour de moi,

on m'apprenait qu'habile dans la connaissance des simples elle était allée cueillir
les plus propres à hâter ma guérison. Ce
que j'éprouvais n'était que de la reconnaissance, mais je me trouvais mieux lorsqu'elle était près de moi, lorsque sa voix
forte et harmonieuse me peignait les en-
chantemens des prophétesses avec cette
vigueur d'expression qui anime tout, en-
traîne l'esprit et détruit les obstacles que
la raison présente.

Elle m'apprit dans ces entretiens la défaite complète des ennemis ; toute la nation
me l'attribuait, tous m'avaient nommé le
plus vaillant. L'ingénuité de ces éloges pénétrait jusqu'à mon cœur, et me trompant
sur ce qu'elle éprouvait, comme sur ce
que j'éprouvais moi-même ; je croyais que
Camma m'aimait, parce que je l'aimais
sans le savoir. Mais ce sentiment devint
bientôt trop puissant en moi pour ne pas
reconnaître son existence. Je frémis alors ;

que de maux j'entrevis! L'idée du crime qu'en amour on caresse souvent sans le savoir ne pouvait me donner la plus faible espérance. Pendant mon séjour sur cette terre de simplicité et de vertu, j'avais appris à connaître la sincère pudeur des femmes, l'austérité des lois qui punit plus le désordre que le meurtre; j'avais vu, et les vieillards ne se souvenaient pas d'un pareil exemple, j'avais vu une femme adultère, dépouillée de ses vêtemens, la tête rasée, reconduite à ses parens par son époux, qui la poursuivait, armé d'un fouet, à travers le bourg.

Camma, plus vertueuse encore que ses compagnes, ne pouvait être à moi que par un mariage solennel. O mon père, j'en rougis aujourd'hui! mais la sincérité de mon aveu prouve celle de mon repentir. Je songeai à contracter, loin de ma patrie, des nœuds qui devaient à jamais me séparer d'elle; mais combien j'hésitai avant de dé-

clarer ma pensée à Camma. Un jour cependant j'osai le faire. Elle était entrée dans
la partie de là cabane où depuis le jour
du combat j'étais couché sur des peaux de
bêtes fauves. Elle s'approche de moi à pas
silencieux, et me croyant endormi, se pen-
che vers moi pour interroger mon front
dans la tranquillité du sommeil. Je sentis
son haleine descendre sur mon visage
comme une vapeur brûlante; j'ouvris doucement les yeux et je répondis par un sourire au sourire que je vis sur ses lèvres.

—Tu es bien maintenant, Cassius, me dit-
elle?—Oui, mais je souffre de là, lui répondis-je, après un moment de silence, en lui
montrant mon cœur.—Et pourquoi? reprit-
elle d'un air inquiet. — J'ai besoin d'une
épouse. — Tu regrettes l'amie que tu as lais-
sée dans ta patrie?—Je n'avais pas d'amie,
mais j'ai trouvé dans ces lieux celle que
j'aimerai toujours. La connais-tu, Camma?
— Non, Cassius; mais elle sera heureuse

celle qui aura pour époux le premier des braves. — Et si mes vœux s'adressaient à toi? — Je refuserais. — Mais si ma vie en dépendait, si, oubliant pour toi Rome, et son luxe, et la gloire qui peut-être m'y attendait, je te promettais de te consacrer ma vie; si je demandais à ton père une cabane et ta main? — Il refuserait, reprit Camma; jamais l'étranger n'a mêlé son sang au sang germain; il coule pur dans nos veines. Regarde nos jeunes guerriers, mêle-les avec vos mille soldats, ton œil les reconnoîtra toujours. Cette taille élevée, ce corps blanc et robuste, cette chevelure blonde, ce regard terrible, cette voix sonore, tout en eux te dira : celui-là est le fils du Franc. — Et quoi! n'ai-je pas assez fait pour mériter de m'allier à ta nation? n'ai-je pas acheté de mon sang le droit de devenir ton époux? *Un Romain est-il indigne d'une Germaine?* — Ta colère m'afflige, Cassius,

c'est moi qui ne suis plus digne de toi? —
O Ciel! que dis-tu?—Chez les Francs, la
vierge seule mérite un époux. — Mais l'a-
mour m'ordonne de mettre un terme à
ton veuvage, et la loi ne le défend pas. —
Non, mais l'honneur le défend, et l'honneur parle plus haut que la loi. Le veuvage chez nous est éternel. Vois ce vêtement noir, jamais je ne le quitterai. Jamais
le jour d'un second hymen n'arrive pour
la fille du Germain. Le reste de ses jours
doit être consacré à ses enfans. Mon mariage a été stérile; mais je puis être utile à
mon pays; je m'instruirai dans la science
des augures; j'apprendrai à interpréter le
chant des oiseaux, le frémissement de la
feuille. La nature obéira à ma voix; j'aurai une place dans le conseil de la guerre
et de la paix, et mes ordres seront les arrêts du destin. — Camma, on peut être
heureux autre part que dans les forêts
de la Germanie; suis-moi, abandonne ce

pays et ses usages. — Cassius, il faudra donc que j'abandonne aussi la vertu? — Ces mots prononcés d'une voix tendre eussent désarmé un cœur plus cruel que le mien. Je restai muet, et tout le temps que Camma fut avec moi, j'éprouvai une gêne qui m'avait été inconnue jusqu'alors. Je n'osais la regarder; chaque fois que je lui parlais, je sentais la rougeur prête à couvrir mon visage. Elle se retira, et ma douleur put s'exhaler en plaintes qui ne firent que la rendre plus amère.

Depuis ce cruel entretien je souffris tous les tourmens d'une passion arrêtée par un obstacle qu'elle respecte. En vain cédai-je tour à tour à l'espoir et à la raison : l'espoir s'évanouissait aussitôt qu'il était conçu, et la voix impuissante de la raison était étouffée au milieu du trouble de mon cœur : un tel supplice devait finir ; dans les maux de l'âme comme dans ceux du corps il vient un point où une grande crise est nécessaire. Elle arriva, et plutôt que je ne le craignais.

J'étais entièrement guéri de mes blessures ; un festin avait été résolu pour célébrer le retour à la vie de celui que la nation regardait comme son libérateur. Dans ces festins solennels le guerrier seul peut prendre place ; on m'avait réservé le haut bout, et le second rang était occupé par l'hôte qui présidait au repas. Les apprêts en étaient simples ; autour d'une table de forme demi-circulaire les plus nobles du canton étaient assis sur des faisceaux d'herbages ou de peaux de bêtes. Vis-à-vis une table semblable était garnie de ceux qu'une naissance moins illustre ou un courage moins éclatant n'avait pas distingués ; derrière eux se tenaient debout un certain nombre de guerriers portant le bouclier et destinés à les servir. Dans le centre une table longue recevait tour à tour des trépieds chargés du produit de la chasse et de la pêche, du beurre et du laitage; chaque mets était distribué aux convives suivant le rang que sa naissance ou sa valeur lui avait désigné. Les vases étaient de terre; on en remarquait quelques-uns de cuivre et d'autres de corne d'uroch, glorieux monumens d'une victoire remportée sur ce taureau fougueux; l'hydromel, mais surtout une bière qu'ils composent avec du fromens, était versé en abondance à ces vaillans guerriers; la plus grande franchise, la plus entière liberté régnaient pendant le repas, et les affaires les plus importantes de l'état y étaient traitées avec une sincérité que la politique ne connaît pas.

Déjà le festin s'était long-temps prolongé; l'appétit satisfait semblait en avoir indiqué la fin; mais le Germain, si sobre dans sa nourriture, oublie cette précieuse vertu la coupe à la main. Etranger à cette espèce de plaisir je quittai les convives et me dirigeai vers la cabane où depuis si

long-temps je goûtais les douceurs de l'hospitalité. Camma était seule, elle semblait
pensive. Vêtue de sa longue tunique noire;
les bras, le col, les épaules découverts, les
cheveux rejetés en arrière, Camma avait
toute la beauté que nous donnons à nos
déesses.

J'interrompis la mélancolie où elle semblait plongée, et bientôt je renouvelai mes
pressantes instances; Camma résistait, mais
comme quelqu'un que préoccupe une autre
idée. Je crus l'instant de mon bonheur arrivé, je m'élançai vers elle. J'allais devenir
coupable, quand Camma effrayée se précipite vers le trophée d'armes antiques suspendues à la poutre soutien de la cabane,
et l'embrassant d'un bras, de l'autre me re-
poussant : — Étranger, s'écrie-t-elle, je suis
la fille de ton hôte. A ces mots je rentrai
en moi-même ; mes bras étendus tombè-
rent lentement, mes regards fixés sur elle
avec ardeur s'abaissèrent vers la terre ; j'é-

tais anéanti. Je ne sais combien de temps je serais resté dans l'attitude de la honte, si Camma, quittant son égide, ne se fût approchée de moi, et me prenant la main, d'un ton de voix plein de douceur, mais qui commandait encore : Cassius, me dit-elle, écoute un bardit dont la vertu rappellera le calme dans ton âme, écoute.

Un essaim de nos guerriers fut surpris par un perfide ennemi et emmené en esclavage par-delà le grand Océan. Mais impatiens du joug ils massacrèrent ceux qui voulaient être leurs maîtres, et altérés de l'air de la patrie, ils se confièrent aux flots sur de frêles esquifs. Tandis qu'ils luttaient contre les ondes, l'un d'eux chantait ainsi :

Ramez, Sicambres , ramez vers la patrie.

Comme il s'éloigne lentement le lieu où nous avons souffert ! comme il est long le retour aux lieux de notre enfance ! Ces mers nous les avons franchies si rapidement naguères ; mais avec des fers, mais esclaves : nous allions sur des bords ennemis expier le sommeil du courage.

Ramez, Sicambres, ramez vers la patrie.

Le Sicambre est un mauvais esclave : pendant leurs fêtes nous méditions la vengeance ; elle a éclaté, et debout sur des ruines nous avons crié : Nous ne sommes plus esclaves.

Ramez, Sicambres, ramez vers la patrie.

La fille du vaincu devenait la proie du vainqueur, mais nos bras ont repoussé l'étrangère. Amenée sous nos toits elle aurait regardé la mer en pleurant ; elle aurait parlé à mon fils d'un pays où n'est pas la cabane de ses pères.

Ramez, Sicambres, ramez vers la patrie.

Océan, si tu nous engloutis, roule avec tes flots jusqu'au rivage de la liberté nos corps exempts des marques de l'esclavage ; nos frères, en venant recueillir l'ambre que les ondes apportent, trouveront leurs frères malheureux, et ils nous feront dormir dans la terre natale.

Ramez, Sicambres, ramez vers la patrie.

A travers la brume épaisse j'ai vu se balancer la cime des sapins. Là est le pays de nos aïeux, là nous allons

retrouver des pères , des épouses , des glaives et des fra-
mées : honte et remords à qui oublie sa patrie; paix et
bonheur à qui rentre dans son sein!

Ramez , Sicambres , ramez vers la patrie.

La voix de Camma avait semblé peser
sur ces derniers mots, et sa main avait
pressé la mienne. Immobile, j'écoutais, et
ces grandes leçons de vertu, données par
la beauté, descendaient au plus profond
de mon cœur. Camma y lisait sans doute;
elle voulut que la solitude ajoutât son influence aux grandes pensées où j'étais occupé. Je la vis s'éloigner doucement pour
ne pas interrompre le silence; sa tête se
retourna trois fois; elle disparut. Oh! alors
combien je sentis de reproches s'élever
dans mon âme.

Je sortais peu à peu d'un songe pénible.
Je me souvenais de mon père, de Rome;
je me rappelais les grands hommes qu'elle
avait enfantés, et je rougissais. Ce nom de
patrie retentissait dans mon cœur, mais il

n'y pénétrait qu'avec la voix de Camma.
Camma, plus courageuse que moi, n'en
méritait que plus ma tendresse. L'aban-
donner! mais trahir sa patrie! mais mériter
le mépris de celle que j'aimais! toutes ces
pensées nées ensemble se combattaient et
s'éloignaient pour revenir aussitôt. L'irré-
solution entre un devoir et un désir est la
plus cruelle des irrésolutions.

En proie à cette cruelle agitation, j'a-
vais quitté la cabane, la nuit était venue,
et j'errais dans la campagne. Quand l'âme
se replie ainsi en elle-même, elle cesse
d'exister pour tout ce qui est extérieur.
Sans m'en apercevoir, j'étais parvenu jusqu'à ce bois épais dont on m'avait défendu
l'approche; je m'enfonçais à travers ces
arbres plantés au hasard et qui à chaque
instant coupaient ma route. La sombre
horreur de ces lieux convenait au trouble
de mon cœur. Je marchais rapidement;
dans ces momens d'agitation, il semble que

l'on cherche à rendre les mouvemens du corps aussi rapides que le travail de l'esprit.

Une clarté soudaine vint m'arracher à ma profonde rêverie. Je sortais des sombres routes de la forêt, et j'étais arrivé sur la lisière d'une prairie. La lune, dont rien n'arrêtait les rayons, répandait une lueur blanchâtre qui avait frappé mes yeux familiarisés avec les ténèbres. Je m'arrêtai pour examiner les lieux où je me trouvais. On me les avait toujours peints comme redoutables, comme consacrés à de sinistres mystères; en vain avais-je souvent interrogé Camma, elle avait toujours gardé un triste silence. Tout, autour de moi, devait inspirer l'horreur, et mon imagination jetait encore sur le tableau les plus noires couleurs. D'un côté, mon œil était arrêté par la sombre épaisseur du bois; de l'autre, il se promenait avec une sorte d'effroi sur cet espace où la clarté douteuse de la lune laissait tout craindre, parce qu'elle ne permettait de rien distinguer. Les arbres environnans se dessinaient en mille formes sur un fond blanc, et le vent ajoutait le mouvement et la vie à ces ombres effrayantes.

Je me dirigeai, non sans quelque émotion, vers la partie du bois qui se trouvait éclairée; quelque monument, quelque autel doit se trouver dans ces lieux redoutés; des objets étrangers sont mêlés au feuillage et par leur poids entraînent la branche vers la terre. J'approche. O terreur! une tête d'homme défigurée par le temps se balance à un rameau; je m'arrête, et pousse un cri d'horreur; un long gémissement semblable à celui de l'airain funèbre m'a répondu. J'allais fuir pour la première fois, la honte me retint; je voulus voir d'où partait le bruit; j'osai m'approcher de l'objet de ma terreur, des armes étaient suspendues auprès, et agi-

tées par le vent s'entrechoquaient plain-
tivement : je reconnus des armes romaines,
et en promenant des regards attentifs, je
vis une longue suite de semblables tro-
phées. O Germanicus! ta piété vengeresse
n'avait pas pénétré jusque-là, et des Ro-
mains réclamaient encore les derniers honneurs que tu rendis à Varus. Saisi d'épouvante, je retournai vers la cabane de
Dumnorix en me répétant : Je suis coupable; je vis parmi des ennemis de Rome.

Quelle fut pénible la nuit qui suivit!
en vain appelais-je le repos : il me fuyait.
Je compris enfin que tant de trouble ne
pouvait durer, et que la résolution la plus
pénible le serait encore moins que mon incertitude. Enfin, ma raison l'emportant sur
les vœux de mon cœur : — O Camma,
m'écriai-je, je serai digne de toi, en ayant le
courage de te perdre à jamais! J'ai entendu
ta voix reprocher à Cassius son indifférence pour sa patrie; peut-être m'aurais-tu

aimé, mais tu as craint que celui qui n'aimait pas son pays ne cessât bientôt d'aimer son épouse. Eh bien! je partirai. Plus content de moi-même, je pus enfin fermer les yeux.

Au point du jour je faisais les apprêts du départ, je rassemblais mes vieilles armes, mon cœur était gros de soupirs, et quelques larmes coulèrent sur l'aigle qui surmontait mon casque. Je le posais sur ma tête, lorsque Camma parut sur le seuil de ma porte; en me voyant revêtu de mon armure, elle sourit, mais au même instant une larme roulait dans ses grands yeux. — Bien, Cassius, me dit-elle en me tendant la main. J'y attachai mes lèvres, et je n'osais lever les yeux dans la crainte de rencontrer ceux de Camma et de perdre mon courage.

—Suis-moi, continua-t-elle, je vais te conduire au fleuve; son courant te menera vers les tiens : partons. Laisse ce bracelet

à mon père, je sais qu'il veut te le demander; laisse ton glaive à notre nation; planté
en terre il recevra nos hommages. Partons.
— Et toi, Camma, ne garderas-tu rien de
Cassius? — Viens; avant de t'éloigner à
jamais, tu me donneras un gage de ta
tendresse.

Je quittai ces lieux où j'avais éprouvé
tant de douces émotions. Je jetai un dernier regard sur ces cabanes habitées par
des hommes si courageux et si doux, si
fiers et si simples; je saluai pour la dernière fois l'asile de l'hospitalité, et je
suivis mon guide. De combien de courage
je m'armai dans cette route silencieuse!
plus d'amour, plus de doux repos! Camma
n'était plus que le génie de la patrie qui
m'entraînait malgré moi. En peu de temps,
malgré la longueur du chemin, nous arrivâmes au fleuve qui devait mettre une
barrière éternelle entre moi et celle que
j'aimais.

Une barque de cuir était attachée au rivage; un frêle cordage l'y retenait. Camma le détacha tandis que j'y entrais, et le retint d'une main assurée. L'instant était venu où j'allais la quitter pour jamais. Déjà j'étais dans la barque. — Adieu, fille des Germains, lui dis-je d'une voix étouffée. —Adieu, Cassius, répondit-elle, et son front s'inclina vers moi. Je saisis avec transport son idée; et tandis que j'y imprimais un baiser de feu, j'entendis sa voix murmurer :—Cassius, je t'aimais. Au même moment elle laissa échapper le seul lien qui me retînt près d'elle, et le courant entraîna l'esquif loin du bord où elle restait immobile, les regards tournés vers moi, et la main appuyée sur le front comme pour y retenir l'empreinte de mon baiser.

Cassius se tut, et tous les convives, partagés en divers sentimens, imitèrent son silence; le père du jeune Romain le regardait d'un œil sévère. —N'oublie jamais le

Bardit des Germains, lui dit-il d'un ton
de reproche. — Mon frère, lui dit Octavia
d'une voix attendrie, n'oublie jamais
Camma.

NOTE.

On m'a beaucoup tourmenté pour que je misse à la fin de Camma des notes où l'on trouverait marqués les détails que j'ai empruntés aux historiens. J'ai résisté cependant, et je pense encore qu'un aveu peut tenir lieu de ces annotations dont j'aurais surchargé ce volume ; cet aveu c'est qu'il n'est pas une seule remarque de mœurs intéressante que je ne doive à Tacite. Son traité des mœurs des Germains est pour ainsi dire le seul ouvrage où j'ai puisé. Je l'ai suivi presque pas à pas , et aussi souvent que je l'ai pu je l'ai traduit. Il eût été je crois aussi ridicule qu'oiseux de rapporter pièce à pièce les passages que j'avais imités ; j'aimerais mieux engager le lecteur à lire ce traité d'un grand maître , et je croirais lui offrir ainsi le meilleur dédommagement de la complaisance dont il a fait preuve en lisant jusqu'à cette page.

Il est cependant un éclaircissement que je crois indispensable de donner. Cassius n'indique pas d'une manière bien précise le lieu de la scène, et, au milieu des peuples nombreux de la Germanie , il serait assez difficile de deviner ceux que j'ai voulu désigner. Parmi les nations dont parle Tacite, et dont la confédération a reçu le nom de France, l'hospitalité, la douceur, la simplicité des Chanques m'ont paru propres au développement des précieuses qualités qu'il attribue à certaines peuplades, et particulièrement à celle-ci. Ils habitaient , dit-il , sur les bords de l'Océan. Mais la vérité historique demandait qu'à ce tableau j'opposasse les mœurs sauvages de quelques provinces que Tacite nous a dépeintes comme barbares. Celles qu'il nous désigne comme privées de toute espèce de civilisation, et sans cesse conduites par l'instinct d'un courage féroce, appartenaient à la partie occidentale ou s'enfonçaient dans le Nord. J'ai supposé que le peuple agresseur venait de la Chersonèse Cimbrique·

RICHART.

RICHART,

OU

LE RÈGNE DE CHARLEMAGNE.

Les cloches ébranlées dans les (1) airs annonçaient aux fidèles le jour qui met un terme à la pénitence annuelle des chrétiens, où après une longue abstinence et un long deuil leur joie pieuse célèbre à la fois et les fils d'Israël montrés à la clémence de l'ange exterminateur, et le fils de Dieu sortant glorieux de la tombe. La ville de Metz était pleine de cette agitation qui accompagne la joie comme la douleur publique; mais la parure des habitans indiquait assez qu'une grande solennité allait

---

(1) Voyage dans l'ancienne France, t. 2, p. 226. Ersnold Nigillus, l. 4, v. 400.

avoir lieu. Tous, par la richesse ou par la propreté de leurs vêtemens, semblaient vouloir ajouter un nouvel éclat.à la fête (1). Ici l'homme opulent, qui même pour la religion n'oublie pas le luxe, dédaignant la serge la plus fine, étalait avec complaisance sa tunique de lin; des bandelettes rouges qui, descendant jusqu'à ses pieds, s'entrelaçaient avec symétrie autour de ses jambes, y retenaient attaché le tissu de la toile la plus blanche (2); au-dessous contrastait agréablement le cuir rouge d'un soulier délicat, dont la forme fidèle dessinait les doigts et le contour du pied.

Plus loin l'artisan avait dépouillé le scapulaire qui aux jours du travail doit préserver sa tunique (3); à côté de lui le sim-

---

(1) Voyage dans l'ancienne France, t. 2, p. 183 et suiv. Monach. Sangal, l. 1, ch. 36.

(2) In notis vit. Car. apud Eginarthum. Ducange, v. Fasciola.

(3) Voyage dans l'ancienne France, *loco citato.*

ple paysan, quittant ses champs pour venir prier dans des églises dorées, s'était paré de son plus beau vêtement; mais sa saye large et sans plis, ses manches courtes, sa chaussure que l'économie avait armée d'un fer préservateur, le faisaient facilement distinguer ; et comme si l'homme, qui veut toujours des ornemens, cherchait dans sa piété un supplément au luxe, tandis que le riche portait le ceinturon doré, le baudrier enrichi de pierreries (a), l'habitant des campagnes suspendait à son cou des reliques ou l'image d'un saint protecteur (1).

Cependant la foule empressée dirigeait ses pas vers la plaee où s'élève la cathédrale ; là les appelait un spectacle touchant.

Trois jours auparavant, Déodat, moins pour obéir au roi qui veut que l'évêque

______

(1) *Ib.*, t. 2, p. 121.

nourrisse son peuple de la parole de vie (1),
que pour sanctifier le deuil de la cité, avait
exhorté les habitans au repentir et à l'au-
mône. Réparons nos fautes, avait-il dit,
par des prières et des bienfaits; pécheur
comme vous, je veux devant vous faire
pénitence. Vous tous, pauvres, mes frères,
membres souffrans de Dieu, vous que j'ai
négligés, au jour sacré de Pâques, venez
vous réunir devant cette enceinte, et que
mes mains, avant de célébrer le saint sacrifice, s'épurent en soulageant vos maux (2).

Le jour désigné était arrivé: dès le lever
du soleil les indigens s'étaient réunis sur la
place indiquée, où Déodat avait fait déposer des cuves remplies d'eau. S'humiliant
devant chaque pauvre : Laisse-moi pu-
rifier ton corps, disait-il, comme le baptême a purifié ton âme. Alors, les dépouil-

______

(1) 4. Capit. 809.
(2) Mon. Sangal., l. 1er, ch. 23.

lant des lambeaux dont ils étaient revêtus, avec une eau pure il lavait ces corps souillés par la misère, il pansait leurs plaies, il les couvrait ensuite de tuniques blanches (1), et aucun ne se retirait sans avoir reçu du pieux évêque quelques pains et un peu d'argent (*b*).

Déjà Déodat croyait avoir rempli le vœu qu'il avait fait ; entouré des malheureux qui le bénissent, du peuple qui applaudit à sa charité éclairée, il allait traverser la place pour entrer dans l'église, lorsqu'il s'élève une rumeur, un murmure qui semble le rappeler. La foule s'ouvrait avec compassion devant un infortuné que des jeunes gens conduisaient à l'évêque. — Venez, lui disaient-ils, il soulagera vos maux. Le pauvre se laissait entraîner en jetant autour de lui des regards étonnés.

------

(1) *Ibid.*

5

Il paraissait surpris qu'on osât l'approcher.

Déodat, prêt à se mettre en marche, s'arrêta; il regarda avec intérêt ce malheureux sur lequel la misère semblait avoir épuisé tous ses maux. Ce corps robuste autrefois, mais amaigri par la fatigue et le besoin, ces longs cheveux noirs qui retombaient sur un visage pâle et livide, les lambeaux d'une saye de laine grossière, tout en lui inspirait la pitié, et en même temps la souffrance répandue dans tous ses traits, la surprise avec laquelle il accueillait des secours auxquels il ne paraissait pas habitué, commandaient un intérêt qu'augmentait encore la curiosité.

Comme il semblait ému, ce malheureux! quand Déodat lui fit quitter ses vêtemens déchirés pour ranimer ses membres épuisés dans un bain salutaire; il suivait des yeux la main bienfaisante qui appliquait un baume rafraîchissant sur ses plaies enflammées; et lorsqu'il vit le bon évêque envelopper de bandes de lin (1) ses pieds meurtris, il ne put retenir ses larmes, et ses gestes indiquaient sa reconnaissance; quand il pouvait saisir la main de l'évêque, il l'arrêtait au milieu de on pieux ministère pour la couvrir de ses baisers et l'arroser de ses pleurs. — Vous avez donc bien souffert? lui dit Déodat, — De l'âme encore plus que du corps, répondit le malheureux. — Êtes-vous de cette ville? — Non, mon père, et je n'ai pas d'asile. — Comment vous nommez-vous? — Richart. — Eh bien, Richart, venez assister à l'office divin, vous me rejoindrez au sortir de l'église, vous viendrez loger chez moi, et peut-être pourrai je adoucir les maux de votre cœur par quelques consotions.

En lui disant ces mots il lui avait donné

---

(1) Mon. Sangal., l. Ier, ch. 23.

des vêtemens du lin le plus blanc, et il s'avança vers l'église en jetant sur Richart des regards pleins d'intérêt. La foule le suivit empressée de mêler ses prières à celles d'un évêque aussi bienfaisant. En un instant la place fut déserte. Un seul homme y était resté : c'était Richart ; seul à la porte de l'édifice sacré (1), et prosterné sur le seuil de pierre, les mains fortement unies, les yeux levés au ciel, il priait avec ferveur.

Quand le saint sacrifice eut été offert sur l'autel, Déodat sortit et fut rejoint par Richart qui l'accompagna jusqu'à sa demeure.—Vous avez besoin de repos, lui dit l'évêque, je vais vous conduire à la chambre qui est toujours ouverte à l'étranger souffrant. Remettez-vous de vos fatigues pendant ce jour de fête où je me

____

(1) Voyage dans l'ancienne France, t. II , p. 107.

dois tout entier à mon peuple ; demain, plus libre, je reviendrai vers vous et nous causerons ensemble.

Richart, après avoir prié pour son bienfaiteur, goûta les douceurs du sommeil, et le lendemain il partageait le repas frugal du bon pasteur. Une gêne secrète semblait cependant le retenir ; il évitait de toucher aux plats qu'on aurait pu partager avec lui (1). Il semblait craindre de souiller ce qu'on lui présentait. Lorsqu'ils eurent achevé : — Richart, dit Déodat, vous paraissez accepter à regret ce que je vous offre avec tant de plaisir ; et cependant, je vous l'ai dit, quand mon devoir ne m'ordonnerait pas de partager avec vous les biens que le ciel m'a donnés, un secret penchant m'engagerait encore à soulager des maux dont la cause m'est in-

____

(1) Miéville, t. 2., p. 107. Milot, Vely, etc. Règne de Robert.

connue, mais qui semblent mériter tout mon intérêt. — Hélas! mon père, répondit Richart, depuis long-temps je cherche un homme qui puisse compâtir à mon infortune; j'ai besoin de l'épancher dans le sein d'un être qui me plaigne et me console. — Dites-moi vos malheurs; mon ministère et mon cœur me rendent digne de votre confiance. — Vos bontés vous l'ont déjà acquise; oui, je vous dirai tout ce que j'ai senti, je vous ferai entrer dans le détail de toutes mes pensées, et vous me jugerez alors.

Je ne suis pas né chrétien, je ne suis pas non plus né Français. J'ai vu le jour au-delà du Rhin, dans cette contrée où depuis trente ans combat Charlemagne toujours vainqueur et toujours attaqué (1). Là, heureux d'une ignorance qui même aujourd'hui ne peut me paraître crimi-

____

(1) Annales variorum.

nelle, je n'adorais d'autre dieu qu'Irmensul (1), le dieu de mes pères. J'allais
invoquer son image pour la prier d'éloigner un ennemi cruel de notre patrie. Je
lui demandais que les succès de nos vain-
queurs fussent passagers comme la rose
qui brille sur l'étendard dont sa main est
armée (c); je l'implorais pour nous donner
le courage du lion que porte son bouclier
et pour nous faire reposer comme lui sur
des fleurs après la victoire (2). Tous les
étés combattant pour ma patrie, l'hiver
je revenais habiter la cabane de mes aïeux.
Pendant une de ces expéditions je perdis
une épouse chérie, qui, pour gage de sa
tendresse, me laissa une fille nommée Bazine; Bazine n'avait que cinq ans, mais
elle suffisait à mon bonheur.

Il y a onze ans, Charlemagne, irrité

---

(1) Eginarth, Gaillard, Daniel.
(2) Spelmannus, in not. vitæ Car.—Mag.

d'une nouvelle révolte, fond tout à coup
sur nos campagnes, et porte partout le
fer et la flamme avant que, divisés sous
différens chefs, nous ayons pu réunir nos
efforts (1). Surpris aussi par l'ennemi,
qu'aucun obstacle ne retarde, au lieu de
courir à mes armes, un instinct spon-
tané me fait courir à ma fille, et je la
tenais dans mes bras lorsque les soldats
pénétrèrent dans ma cabane. Je devais
attendre la mort ; mon attitude paisible
me sauva, et je fus fait prisonnier.

Je suivis avec résignation mes vain-
queurs, puisqu'ils me laissaient ma fille.
Ceux que le sort de la guerre avaient rendus mes maîtres appartenaient au corps
d'armée composé des serfs (2). J'eus à me
féliciter de ne leur avoir opposé aucune
résistance. Ces soldats moins précieux à

---

(1) Poeta Saxo. , l. Ier.
(2) Miéville , t. II, p. 243. Capit. de 807. — *Ibid.*

l'état vont au combat presque sans défense. Tandis que le cavalier porte la lance au fer aigu, l'épée à deux tranchans, le poignard, l'arc à deux cordes et douze flèches, le serf n'a pour toute arme que la demi-pique, et il semble se venger sur l'ennemi vaincu des dangers qu'il court en le combattant.

Bientôt l'armée satisfaite de son butin rentra en France, et j'abandonnai pour toujours ma patrie. Avant que les troupes ne se séparassent, Charlemagne, qui les commandait, les passa en revue; il était tout couvert de fer, et son armure était aussi simple que celle de ses soldats (1). Il remercia les comtes et les évêques qui lui avaient amené des troupes; il les chargea de remercier les monastères (2) qui, non soumis au tribut de la guerre, lui avaient envoyé des présens, et ceux qui, libres de

____

(1) Mon. Sangal. , l. II , ch. 26.
(2) Duchesne , t. 2 , Rer. Franc.

toute obligation, avaient adressé à Dieu de ferventes prières pour le succès de ses armes. Il partagea ensuite le butin, et je tombai avec ma fille au pouvoir d'un cavalier; mais il ne pouvait conserver un esclave. Ne possédant qu'un manoir (1), trois autres citoyens de la même fortune s'étaient adjoints à lui pour l'équiper et l'entretenir pendant tout le temps de la campagne. Il me conduisit donc au marché des esclaves, et là, devant le comte et l'évêque, témoins du contrat de vente (2), je fus acheté par le major d'une des maisons de campagne du roi, située à quelques lieues de la ville d'Aix-la-Chapelle.

Si l'on pouvait être heureux dans l'esclavage, je l'aurais été dans cette tranquille demeure. Une enceinte de plus d'une

----

(1) Miéville, t. II, p. 242. Cap. de 807.

(2) 19. Cap. de 779.

lieue embrassait un vaste terrain couvert des cabanes des cultivateurs ou des ateliers de l'artisan (1). Tout était en mouvement pour le service d'un prince dont j'entendais toutes les bouches faire l'éloge Ici l'on fabriquait les armes (2) du roi et celles dont, à Pâques (3), il faisait présent aux seigneurs qui l'entouraient; là, des tourneurs travaillaient les meubles qui devaient orner la partie de l'habitation destinée au prince (4); car toutes ses maisons de plaisance formées par lui seul étaient encore à peine en état de le recevoir. Ceux-ci façonnaient l'or et l'argent en vases élégans (5), et ceux-là, occupés des plaisirs de leur roi, soignaient ses chevaux,

---

(1) Voyage de l'ancienne France, t. II, p. 3o1.

(2) 42. Cap. de villis.

(3) Eginh., Vely, Gaillard.

(4) Cap. de villis. loc. cit.

(5) *Ibid.*

dressaient le faucon ou faisaient des filets pour la chasse (1).

Étranger à tous ces arts, je fus destiné à cultiver la terre. Ma Bazine fut placée dans le génicée, et là, apprit à peigner la laine avec des chardons, à la blanchir avec le savon, à la teindre avec la garance, et à la tisser en étoffe précieuse (2). Mais chaque soir elle revenait près de moi dans ma cabane, et je pouvais en paix jouir du bonheur d'être père (3). Charlemagne portait ses soins jusqu'aux plus petits détails ; il voulait que chaque année, à Noël, des comptes lui fussent rendus (4). Des ordonnances nous instruisaient de nos devoirs et prévenaient les fautes ; le vol seul était puni par le bâton (5); celui qui négligeait

____

(1) Cap. de villis. 45.
(2) *Ibid.* 43.
(3) Voyage dans l'ancienne France, t. II, p. 331.
(4) Cap. de villis. 62.
(5) *Ibid.* 4.

d'exécuter les ordres du roi devait s'abstenir de boire jusqu'à ce qu'il eût été absous par lui (1). On se procurait successivement tout ce qui est nécessaire ou commode. — Je veux, disait Charlemagne, qu'on ne soit plus obligé de rien emprunter pour moi (2).

Mais un soin plus important l'occupait sans cesse ; il ordonnait d'instruire et d'éclairer les étrangers élevés dans le paganisme (3). Trouvant son bonheur dans la religion, priant plusieurs fois par jour (4), et se relevant même la nuit pour aller au pied des autels (5), il voulait que ses sujets imitassent sa piété. Goûtant tout le charme des lettres, composant même ces chants

----

(1) *Ibid.* 16.
(2) *Ibid.* 22.
(3) Mon. Sangal., l. Ier, ch. 3.
(4) Poeta saxo., l. V, v. 479.
(5) Eginhart. Vita Car.–Mag., ch. 26.

guerriers que le soldat répète en marchant au combat (1) : — Qu'on chasse, disait-il, loin de mes sujets les ténèbres de l'ignorance (d). Dans chacune de ses maisons il avait un chapelain éclairé chargé d'enseigner les dogmes de la religion chrétienne(2). Ce clerc me fit venir près de lui, m'entretint avec bonté, et compara la douceur de vos institutions religieuses avec celles des Saxons qui ne demandent que des combats et du sang. Il fit entrer la persuasion dans mon âme; je voulus reconnaître un Dieu qui avait souffert aussi, et je demandai le baptême pour moi et pour ma fille. Cette cérémonie fut ajournée jusqu'à la fête de Pâques (3), époque où l'on réunit toutes les grandes solennités de l'Eglise. Pénétré de la grandeur du

***

(1) Poeta saxo, l. V, v. 231.
(2) Chronique de saint Denis, l. III, ch. 2.
(3) Voyage dans l'ancienne France, t. II, p. 226.

sacrement que j'allais recevoir, c'était avec une espèce de crainte que je voyais arriver le jour où j'allais être engendré à une nouvelle existence : et lorsqu'il fut venu, le saint appareil dont on entoura les catécumènes me frappa encore davantage (1). Depuis quarante jours on nous préparait par l'abstinence, le jeûne, l'oraison et les aumônes. On nous conduisit à l'Eglise avec des cantiques de joie, précédés de la croix et de voiles où l'on avait représenté des histoires saintes ; nous descendîmes dans le baptistaire creusé à côté de la porte de l'église. Là, nous nous rangeâmes autour d'une vaste cuve remplie d'eau ; l'on nous dépouilla de la simple tunique dont nous étions revêtus (2), et tournés vers l'Orient, les poings fermés dans l'attitude d'un homme prêt à com-

____

(1) Mézeray. Etat de la religion.

(2) Voyage dans l'ancienne France , t. 2, p. 226.

battre son ennemi (1), nous jurâmes de renoncer à Satan. Alors l'évêque nous mit la main sur la tête et nous ordonna de reconnaître à haute voix le Dieu auquel nous voulions toujours obéir. Après ces cérémonies, nous fûmes plongés trois fois dans la cuve et revêtus de robes blanches qu'une ceinture serrait autour de notre corps.

Depuis cet instant la distance qui avait existé entre les Français et moi fut pour ainsi dire comblée. On oublia que j'avais vu le jour dans une autre contrée, parce que j'adorais le même Dieu. Le digne chapelain qui m'avait préparé au baptême, remarquant en moi quelque désir de m'instruire, seconda mes vœux, me fit connaître les ouvrages que l'Eglise a consacrés comme inspirés par l'esprit divin. Il se plaisait à m'initier aux connaissances qu'il

____

(1) Mézeray. Etat de la religion.

avait acquises près de Charlemagne, et me·
savait gré de mon zèle infatigable à écouter
ses leçons ou à m'acquitter de mes péni-
bles travaux.

Une circonstance favorable le mit à
même de me prouver sa sincère affection.
Un orage subit ayant surpris Charlemagne
près de l'habitation, il y vint au milieu
de la nuit. La garde chargée (1) de veiller
sans cesse nous eut bientôt avertis. Un
des plus voisins de l'endroit où l'on entretenait un feu continuel (2), je me hâtai de
m'y rendre pour ranimer la flamme. Charlemagne y entra un instant après moi; je
me plus à contempler ce héros dont j'avais
tant entendu parler, et à qui les peuples de
l'Asie et de l'Afrique (3) envoyaient des

____

(1) Cap. de villis, 27.

(2) *Ibid.*

(3) Ann. Tiliani. — Egin. , ch. 7. — Sangal , l. II,
ch. 12 et 13. — Poeta saxo, l. IV, v. 208.

6

présens et des hommages (e). Sa taille était élevée, mais l'embonpoint commençait à la rendre moins régulière. Il avait les yeux vifs et brillans, une voix sonore et mâle, la chevelure noire, la barbe rasée, le teint coloré, la physionomie douce et gaie (1). Mouillé par une forte pluie, il s'approcha du feu, et ôtant son capuce le fit sécher; son fils lui en offrit un autre.—J'ignorais, lui répondit-il, qu'il fallait deux bonnets pour une seule tête (2). Son souper fut simple et frugal; à peine but-il deux ou trois fois (3). Auprès de lui se tenaient trois seigneurs. C'étaient, me dit-on, des membres de son conseil; ils répondaient aux questions qu'il leur adressait sur l'état, et prenaient en notes les idées qu'il leur com-

---

(1) Sangal, l. II, ch. 16. — Poeta saxo, l. V, v. 331.
(2) Raoul de Presles, cité par Lancelot et Gaillard.
(3) Eginarth, ch. XXIII.

muniquait pour les présenter ensuite au conseil assemblé (1) (*f*).

, Le lendemain il fit venir le major et le chapelain (*g*); il entra avec eux dans tous les détails de l'administration. Il leur demanda les noms de ceux qui par leur zèle avaient mérité des récompenses. Je fus cité avec éloge, et Charlemagne, avant de partir, me fit annoncer qu'il me rendait à la liberté, et me donnait une petite terre pour y finir mes jours. La religion devait sanctionner mon affranchissement ; je me rendis à l'autel où le prêtre prononça sur moi ces paroles : Puisque, d'après le témoignage de tous, tu es digne de faire un citoyen, en présence du peuple et des pontifes, dès ce jour, et pour tout l'avenir, je t'absous de toute servitude humaine et te rends à la liberté (2).

____

(1) In concilio apud S. Macram.

(2) Ap. Balazium in appendice Marcuf. form. VII.

Je crus alors mon existence pour jamais fixée; protégé par un prince bienfaisant, possesseur d'un fonds sur lequel je ne devais que la dîme aux clercs (1), accompagné de ma fille qui chaque jour croissait en grâces et en vertus, je ne voyais que bonheur dans l'avenir : je fis mes adieux, non sans verser quelques larmes, aux compagnons de mes travaux, à ceux qui m'avaient instruit. Nous partîmes des lieux où j'avais éprouvé qu'un peuple humain peut adoucir jusqu'à l'esclavage. Notre route devait durer quelques jours; marchant à pied avec ma chère Bazine, je ralentissais mes pas pour ne point la fatiguer. Quelques sous d'or que le Roi m'avait fait remettre suffisaient aux frais de notre voyage, quoiqu'à chaque instant on vînt nous demander des frais de péage pour une route nouvellement tracée, un pont récemment

____

(1) Cap. de villis, 7.

bâti (1), et souvent on nous forçait de quitter la route la plus courte pour pouvoir exiger un droit.

Nous nous arrêtions chaque soir dans les maisons que des branches d'arbres, des croix ou des images de saints nous indiquaient comme des asiles hospitaliers, et le lendemain nous déposions le prix de notre dépense dans le tronc placé à côté de la porte (2).

Nous arrivâmes enfin, et je trouvai dans notre habitation tout ce que j'y avais souhaité. Un verger assez spacieux m'offrit tour à tour la cerise, la noix, l'amande et la figue, et la pomme aux mille espèces et la poire savoureuse (3). Au milieu de ces arbres riches, voltigeaient de nombreuses abeilles dont le miel devait assaisonner les

---

(1) Var. Capitular.

(2) Voyage dans l'ancienne France, t. II, p. 125.

(3) Cap. de villis, 70.

mets, ou encore attaché à la cire, flatter l'œil et le goût du convive délicat (1). Tous mes instans ne furent plus employés qu'à cultiver la terre qui devait être la dot et l'héritage de ma Bazine. Combien chaque jour elle devenait plus intéressante! Tandis que je travaillais, elle préparait le repas du retour, et le soir elle filait la laine pendant que je lui lisais les saints ouvrages des pères de notre église, ou sous ma dictée elle traçait sur le parchemin les versets de la Bible (2), qui, attachés à de longues perches, devaient préserver nos champs de la tempête et de la foudre.

Pardonnez-moi, mon père, la complaisance avec laquelle je rappelle ces détails; mais les actions les plus indifférentes de ceux qu'on aime, deviennent, alors qu'on les a perdus, des souvenirs précieux. Je ne

____

(1) Voyage dans l'ancienne France, t. II, p. 181.
(2) *Ib.*, t. II, p. 218.

puis me rappeler sans attendrissement ses habitudes, ses jeux (*h*). Enfant encore, elle avait tous les préjugés de l'enfance. Souvent j'ai vu ses jolis doigts renfermer l'air dans les plis d'une feuille de rose et la frapper ensuite sur son front où elle semblait déposer sa couleur; l'air captif brisait avec un léger éclat sa prison délicate, et ce bruit devenait pour Bazine un oracle qui lui prédisait des amours, un hymen et la fécondité (1).

Une existence si paisible et si douce devait durer bien peu de temps, et c'était le bienfait dont je me félicitais qui devait attirer sur moi le plus grand des malheurs. La province où je vivais était soumise à la juridiction d'un comte aussi pervers que fourbe, qui, abusant du pouvoir d'une magistrature perpétuelle, savait par une perfide adresse cacher ses crimes aux yeux

----

(1) Voyage dans l'ancienne France, t. II, p. 195.

des commissaires royaux qui tous les trois mois parcouraient les provinces (1), chargés de recevoir les plaintes de l'opprimé. Bérold, par une fausse incurie ou une délicatesse affectée, réservait aux envoyés du roi les causes dont le succès l'intéressait le plus, mais qui, jugées par lui, auraient éveillé des soupçons.

Prétextant des obstacles : — Je n'ai pu, leur disait-il, remplir tons les devoirs que ma charge m'impose ; quelques-uns de mes sujets attendent encore justice. Je suis coupable, je le sais, et je me soumettrai sans murmure à la peine que la loi m'impose. Pendant tout le temps que dureront les causes retardées vous serez hébergés à mes frais (2) ; et exact observateur des formalités qui pouvaient lui concilier la bienveillance des délégués du prince, chaque

____

(1) Cap. de 812.
(2) Cap. de 779, 21.

jour il faisait délivrer, à l'évêque honoré de la confiance du monarque, quarante pains, trois jeunes porcs, trois muids de boisson, trois poulets et quinze œufs (1). L'abbé ou le comte adjoint à l'évêque recevait les deux tiers de ces gratifications (2). Par ces soins prévenans il savait s'attirer la faveur de ceux qui devaient rendre compte de sa conduite au roi, et profitait des préventions amicales qu'il leur connaissait; c'est de tous ces artifices que je devais être la victime.

Jusqu'alors j'avais vécu ignoré de lui; un hasard fatal lui fit connaître Bazine, et depuis cet instant commencèrent nos malheurs. Charlemagne recommandait qu'on eût soin dans les campagnes de poursuivre les loups (3); pour encourager à la des-

______

(1) Cap. de missis. 819 , 29.
(2) *Ib.*
(3) Cap. de villis, 71.

truction de ces animaux dangereux, il voulait qu'on lui fît connaître combien chaque habitant en avait tué, et qu'on lui en envoyât les dépouilles (1). Il y avait donc entre les jeunes seigneurs une espèce de rivalité pour cette chasse. Bérold surtout parcourait tous les endroits de son comté, tendait ses toiles, creusait des fossés ou poursuivait la bête avec une meute nombreuse (2). Dans une de ses excursions, altéré par la chaleur et la fatigue, il frappa à notre maison pour y demander à boire; Bazine était seule, elle lui présenta du lait. Bérold, frappé de sa beauté, conçut aussitôt les plus criminels desseins. Mais en vain il tenta de la séduire, en vain il lui promit un rang, un titre qui n'était pas celui d'épouse légitime, Bazine refusa ses offres dangereuses.

Nous avions cru que cette inutile tenta-

____

(1) Cap. de villis , 71.
(2) *Ib.*

tive l'engagerait à réprimer de vains désirs, mais pendant plusieurs mois des émis-
saires venaient tour à tour employer les
prières et les menaces, et si mon active
surveillance avait quitté ma fille d'un seul
instant, sans doute on l'aurait enlevée à
mon amour. Mais le traître Bérold médi-
tait un projet plus perfide et plus sûr.

C'était l'époque où les envoyés du roi
visitaient notre province. Un jour appa-
raît tout à coup dans notre tranquille demeure un de leurs huissiers : — Vous êtes
sommé, me dit-il, de comparaître demain
au plaid. — Que me veut-on? demandai-
je avec surprise. — Le comte Bérold réclame son épouse que vous retenez ici
sous le nom de votre fille, répondit-il ; et
il se retira. L'étonnement fut tout ce que
j'éprouvai à cette inconcevable nouvelle.
Je croyais d'abord que c'était une méprise,
je pensai ensuite que ce pourrait bien être
un piége ; mais il me paraissait si grossier,

si facile à dévoiler, que je ne pouvais concevoir aucune crainte, et le lendemain j'obéis à l'ordre que j'avais reçu et me transportai en la ville prochaine où se tenait le plaid.

Déjà la foule empressée apportait aux délégués du roi ses plaintes et ses réclamations. Ils étaient séparés du peuple par une forte grille de fer sur laquelle ils s'appuyaient (1). On appela d'abord la cause des veuves et des orphelins (2), et ensuite j'entendis prononcer mon nom : — Richart, me dit un des commissaires, le comte Bérold vous redemande son épouse que vous vous obstinez à garder sous le nom de votre fille, qu'avez-vous à répondre ? — Seigneur, repris-je, je ne puis que détruire les allégations de mon accusateur ; quoique étranger, je me conformerai à la loi qui défend d'emprunter d'autre voix

____

(1) Voyage dans l'ancienne France, t. II, p. 121.
(2) Cap. synod. Vernensis, 755.

(93)

que celle de la vérité pour se défendre (1).
Où sont les titres du mariage sur lequel
le comte Bérold prétend asseoir ses droits?
— Mes titres sont des témoins que je puis
faire entendre, reprit Bérold. — Eh!
quoi, repris-je, pour un acte aussi important qui intéresse toute votre vie, qui at-
teste les droits de vos enfans, vous n'avez
aucun écrit!

Voulez-vous donc feindre d'ignorer,
répliqua Bérold, que notre franchise guer-
rière confie souvent au souvenir de nos
amis nos droits les plus chers, et que leur
témoignage suffit pour nous les garantir (2).

Les témoins que propose le comte Bérold, dit le commissaire qui m'avait déjà
parlé, sont admis par la loi; vous pouvez
leur en opposer d'autres. Alors je demandai la permission de faire venir ceux qui,

____

(1) Voyage dans l'ancienne France, t. II, p. 148.
(2) *Ibid.*, p. 135.

pendant plusieurs années, m'avaient vu
élever Bazine dans la maison royale, et
que je n'avais quittés que depuis un an. —
Je m'oppose à cette demande, reprit vivement Bérold, et je m'appuie sur le décret
qui ordonne de prendre les témoins dans
le comté où a lieu le procès (1). On accéda
à sa demande, et l'on ajourna la cause au
lendemain.

Alors je conçus les plus graves inquiétudes. Sans autre preuve que le témoi-
gnagne de quelques misérables gagés par
Bérold, on pouvait me condamner, et l'on
m'interdisait la seule ressource sur laquelle
je pusse compter, le pouvoir d'appeler au
secours de mon innocence ceux qui, pendant dix ans, avaient partagé mes travaux,
qui avaient vu l'enfance de Bazine.

Je ne lui confiai qu'une partie de mes
peines, et j'employai tous les momens qui

____

(1) Cap. de 816, 10.

m'étaient accordés à chercher mes témoins. Des voisins touchés de mes larmes me promirent de venir attester ce que ma douleur avait persuadé, et le lendemain j'étais au plaid avec les douze témoins que j'avais réunis. Lorsque ma cause fut appelée, je les fis avancer. Le juge leur demanda s'ils étaient à jeun (1); sur leur réponse affirmative : — Jurez-vous, leur dit-il, que Bazine est la fille de Richart, et non l'épouse du comte Bérold? — Je le jure, répondit le premier; et jetant une pierre loin de lui (2) : Si je mens, dit-il, que je sois chassé du lieu de ma naissance comme cette pierre est jetée loin de moi. — Je le jure aussi, ajouta le second en lançant en l'air une poignée d'épis (3); et si je suis félon, que mes cendres soient un

---

(1) Cap. de 805 , 11.

(2) Voyage dans l'ancienne France, t. Ier , l. 14.

(3) Duclos. (Mémoires sur les duels et épreuves.)

jour dispersées par le vent comme ces épis. Tous firent le même serment, les uns en invoquant le nom de Dieu, les autres en levant les mains sur la croix ou sur l'Evangile, ou sur de saintes reliques (1). Rassuré par le témoignage aussi hautement prononcé des plus gens de bien, j'étais déjà plus tranquille ; mais ô parjure ! Bérold. fit avancer un nombre égal de mercenaires qui, par les plus horribles sermens, me démentirent ainsi que mes témoins.

—Puisque vous persistez dans vos sermens opposés, dit l'envoyé du roi, la loi m'ordonne de prendre parmi les témoins des parties contestantes deux champions qui, armés du bouclier et du bâton, combattront chacun pour leur cause (2). — Eh bien, des armes ! s'écria le bon Teutber

---

(1) Mézeray. (État de la religion.)
(2) Cap. de 819, 10.

qu'enflammait l'indignation, des armes, et je combattrai pour Richart. — Et si tu es vaincu, quel sera ton sort? — Tu auras perdu ta cause. — Mais toi? — Ils me condamneront à perdre la main avec laquelle j'ai attesté ton innocence (1). — Arrêtez, m'écriai-je, je ne souffrirai pas qu'un ami s'expose au hasard d'un combat incertain. Puisqu'il n'est pas d'autre moyen de convaincre mes ennemis de parjure, homme libre, je me soumets volontairement aux lois imposées à l'esclave, à l'homme dégradé de la condition de citoyen; je demande le jugement de Dieu et l'épreuve de l'eau froide (2).

On ne pouvait me refuser cette funeste faveur; l'église de Saint-André était la seule de la ville où l'on pût faire les

____

(1) Cap. de 819.
(2) Cap. de 809.

I

7

épreuves (1); j'allai m'acquitter du droit
que l'on paie pour le jugement du ciel (2);
et pendant trois jours qui me furent accordés, je me préparai à ce grand acte
par le jeûne et la prière (3). Le quatrième
jour, avec Bazine, dès l'aurore, je me rendis à l'Eglise, où un peuple nombreux
attendait que le ciel prononçât mon arrêt
ou proclamât mon innocence. Les clercs
arrivèrent avec pompe; le prêtre monta
à l'autel, et célébra la messe composée
pour cette solennité (4). Je fis l'offrande, et
lorsqu'il fut à la communion, se tournant
vers moi : Je vous adjure au nom de la
Trinité, me dit-il, par le saint Evangile,
par les saintes reliques qui reposent sous

---

(1) Duclos. (Mémoire sur les duels et épreuves.)

(2) *Ib.*

(3) *Ib.*

(4) Juret, Mabillon, Cellatius, cités par le père Lecointe. (*Annales ecclésiast.*)

cet autel! gardez-vous de communier si vous êtes coupable du crime dont on vous accuse (1). — Je prends le ciel à témoin, répondis-je, que je suis innocent. Alors le prêtre continua : — Que le sang et le corps de Jésus-Christ vous servent aujourd'hui d'épreuve. La messe était terminée; le pasteur bénit de l'eau, et nous nous acheminâmes vers l'endroit où devait se décider mon sort.

Là, il me fit jurer que je n'avais employé ni herbes, ni talismans, ni charmes, et il me donna à boire de l'eau bénite, en me disant : — Je t'adjure par l'invocation de notre Seigneur Jésus-Christ et par le jugement de l'eau froide; je t'adjure par l'inséparable Trinité, par tous les anges, par le jour du redoutable jugement! si tu es coupable, que ton âme se dissolve, que

---

(1) *Ib.*
(2) *Ib.*

l'eau te rejette, que tous tes maléfices soient inutiles. Et vous, ô mon Dieu, montrez-nous s'il est criminel, et que tous sachent que vous êtes le Dieu puissant et éternel. Puis se tournant vers l'eau où j'allais être plongé : —Élément créé par Dieu, dit-il, je t'adjure par le sang de Jésus-Christ, par la Trinité qui a séparé les flots de la mer Rouge, par Élisée qui a fait nager le fer d'une cognée sur les eaux, par les quatre évangélistes, par les soixante-douze livres de l'Ancien et du Nouveau Testament, sois exorcisé contre le diable ennemi de l'homme, contre l'homme qui, séduit par le démon, s'est rendu coupable ; ne le laisse pas descendre en ton sein, repousse-le loin de toi (1).

Les prières avaient cessé : je tendis les mains aux liens. Avec des cordes de jonc qui faisaient plusieurs fois le tour de mon

____

(1) *Ib.*

corps, on m'attacha le pied droit avec la main gauche, et le pied gauche avec la main droite (1). Comme pendant tous ces apprêts mon cœur s'élevait vers le ciel! On me prit dans les bras, on m'enleva, mes yeux cherchèrent les yeux de Bazine, et je fus précipité avec force dans la cuve du jugement. O terreur! j'allai frapper le fond, mais revenant aussitôt à la surface, l'eau d'accord avec mes ennemis refusa de me recevoir.

Alors un cri s'éleva dans toute l'assemblée: — Il est coupable! On s'empressa de me retirer et de me conduire devant mes juges. — Vous avez commis le crime et outragé le comte Bérold, me dirent-ils, Bazine est déclarée son épouse, et dès cet instant il reprend tous ses droits sur elle. Vos biens sont saisis pour payer le ban du

____

(1) Duclos. (Mémoire sur les duels et épreuves.)
(2) Varia. Cap.

roi (1), et comme ils ne pourraient suffire à
acquitter l'amende de trois cents sous d'or,
à laquelle vous êtes condamné envers celui que vous avez calomnié (1), vous le ser-
virez jusqu'à ce que vous soyez libéré envers lui.

Ils auraient pu me condamner à des
peines plus terribles encore, je ne les entendais plus : Bazine mourante était tombée dans mes bras, je la couvrais de mes
baisers et de mes pleurs. Mais les cruels
m'arrachèrent mon enfant, on m'entraîna
loin d'elle, et pendant huit jours, dans le
plus profond désespoir, je ne pus donner
une seule larme à ma fille, à ma liberté.

Mon malheur était trop grand, je ne le
comprenais plus. Je ne retrouvai des sanglots que lorsqu'on vint m'annoncer que
Bérold, cédant aux instances de son épouse,

____

(1) Cap. de 803, 18.

me permettait de revenir vivre près de Bazine, mais à condition que jamais je ne l'aigrirais par une plainte, par un reproche.

Je pus enfin revoir ma fille, je la revis, mais pâle, mais portant dans tous ses traits l'assurance d'une mort prochaine. Sa présence ne m'était pas interdite, mais on me défendait ces tendres épanchemens qui font le bonheur d'un père; j'étais près de Bazine, je la voyais malheureuse et ne pouvais la consoler, je la voyais mourante et ne pouvais la secourir.

Tout dans ce funeste château semblait conspirer pour augmenter ma douleur. Des murailles épaisses, de larges fossés pleins d'eau (1), des tours élevées de distance en distance rappelaient les précautions et les dangers de la guerre. Dans l'intérieur d'immenses salles où des croisées garnies

____

(1) Miéville, t. II, p. 127.

de grilles ne laissaient pénétrer qu'un jour incertain (1), par leur solitude, jetaient dans l'âme un sentiment de tristesse. C'était dans cette sinistre demeure que j'étais condamné à vivre auprès de ma fille, sans pouvoir l'embrasser tous les jours, forcé de baisser la voix pour lui dire que je l'aimais, et de n'essuyer ses pleurs qu'à la dérobée.

Combien de fois, rendu barbare par l'indignation, je formai le projet de donner la mort à ma fille et d'expirer ensuite sur son corps inanimé ! Mais l'idée d'un tel crime m'épouvantait, et au défaut de ma fureur le chagrin devait bientôt la tuer. La nature marquait par des signes visibles le dépérissement de ses forces : Bazine était belle encore, mais de cette beauté triste et mélancolique qui porte à l'âme des idées de destruction et de mort. Sa fin appro-

____

(1) *Ib.*

chait : elle ne l'envisageait que comme le terme de ses maux, et je croyais Bazine assez malheureuse pour ne pas la plaindre de mourir.

Mais au milieu de nos tourmens nous eûmes une consolation, notre bourreau ne put voir d'un œil tranquille le malheur dont il était la seule cause; il voulut fuir un spectacle trop funeste; il partit, comme si le remords n'avait pas dû le suivre. Alors nous fûmes libres dans notre douleur, et je pus recueillir en paix les derniers instans de ma fille. Pourrais-je jamais vous peindre les angoisses d'un père qui , certain d'un mal sans remède, attend avec terreur l'instant où s'éteindra l'être auquel est attachée sa vie. Chaque jour j'étudiais les progrès de la mort sur Bazine; chaque jour je voyais une de ses beautés s'effacer, une de ses forces s'anéantir, je comptais les momens que la nature lui accordait encore: sans doute elle les comptait aussi;

elle redoublait pour moi de tendresse, et
semblait avant de mourir vouloir épuiser
toute celle qu'elle avait dans son cœur.

Enfin le jour fatal arriva où rien ne
pouvait plus la sauver. Placé près de son
chevet j'attendais le moment de son réveil.
Depuis long-temps, trop sûr de mon malheur, je ne la quittais pas même pendant
son sommeil; je voulais pendant les courts
instans de son existence ne plus la perdre
de vue et rassasier mes yeux de son précieux aspect, puisque bientôt je n'aurais
plus que les souvenirs de mon cœur.

Bazine ouvrit ses paupières appesanties
qu'ombrageaient de longs cils; elle m'a-
perçut et chercha à se lever sur son séant,
mais plus faible, plus décolorée que jamais,
elle retomba. A ce présage de mort je jetai
un cri perçant et me précipitai à genoux
devant le lit. Je vis la main de ma fille bien
aimée qui semblait chercher la mienne.
Je la saisis, et priant avec rage : — O mon

Dieu! mon Dieu! m'écriai-je, ne comble pas tous mes malheurs, rends-moi ma fille! rends-moi ma fille!

Tandis que je prononçais ces mots je sentis la main de Bazine presser ma main, je crus voir ses lèvres remuer : j'écoutais. — Mon père, disait-elle, puisque tout va finir, que cette religion que vous m'avez enseignée vienne adoucir nos derniers adieux. Qu'encore une fois je participe aux saints mystères (1)! Dans l'angle de cette fenêtre, derrière le rideau de serge, dans une boîte de citronnier, vous trouverez du pain de l'eucharistie (2); c'est là que je conserve ce gage mystérieux qui doit nous réconcilier avec le ciel dans les pressans dangers (i). Apportez-moi, mon père, le corps de mon Sauveur, que je sois sanctifiée avant de paraître devant lui : rompez

____

(1) Voyage dans l'ancienne France, t. II, p. 226.
(2) Mézeray. (Abrégé chronolog. , t. Ier, p. 315.)

avec moi ce pain de salut, et qu'un même Dieu nous soutienne comme une seule âme nous anime.

Des femmes qui étaient accourues à mes cris avaient sans doute aussi entendu ses vœux. Bientôt je vis entrer tous les serviteurs en pleurs, ils se mirent à genoux autour de la chambre; le tintement monotone de la cloche de la chapelle vint frapper mon oreille, le glas de la mort retentissant dans les airs disait au loin : Maintenant un chrétien meurt. Le chapelain entra; des cierges furent disposés autour du lit; le prêtre murmura sourdement les prières des agonisans (1), auxquelles répondirent des voix altérées par les sanglots. Anéanti, je considérais ces apprêts d'un départ éternel. Le chapelain s'approcha de mon ange, et en prononçant des paroles sacrées, fit avec le saint

____

(1) *Ib.*

chrême (1) le signe de la rédemption sur le front virginal que jamais une faute n'avait fait rougir; il découvrit ensuite ces pieds si délicats, déjà froids, qui ne devaient plus se mouvoir, et les frotta aussi de l'huile sainte. Tous s'éloignèrent en silence, Bazine avait reçu le sacrement de la mort.

Qu'ils furent courts les momens qui lui restaient encore à vivre! Elle ne parlait plus; ses yeux étaient encore ouverts, mais ils ne pouvaient plus me voir. Penché sur elle, j'écoutais si elle respirait encore:—O mon père! faut-il donc que la mort même de l'innocent soit douloureuse? Ses lèvres se contractèrent pour laisser échapper ses derniers soupirs ; un mouvement convulsif accompagna un dernier son, une dernière plainte, et son âme s'envola vers les cieux.

Ce coup était trop terrible, nulle force

____

(1) *Ib.*

humaine n'aurait pu y résister ; je tombai en perdant le sentiment de tous mes maux. Pourquoi me rappela-t-on à la vie puisque je devais être encore malheureux? On est si bien dans le néant!

On m'avait transporté dans une chambre éloignée ; j'y demeurai toute la nuit suivante avec deux serviteurs qui avaient pitié de moi et oubliaient que l'on m'avait fait leur égal. Je redemandais ma fille, je voulais aller la voir encore ; ils me retenaient en pleurant ; et ces hommes que je connaissais à peine, je les aimais parce qu'ils pleuraient avec moi, je les embrassais comme si mon cœur, veuf de la tendresse paternelle, eût cherché aussitôt quelqu'un à aimer encore.

Le matin j'entendis du bruit dans la cour ; je me précipitai à la croisée. Hélas! c'étaient les tristes apprêts d'un convoi. Au nom du ciel! dis-je à mes gardiens, laissez-moi rendre à ma fille les derniers devoirs. Je ne crierai point, je contiendrai ma douleur. Attendris par mes prières, ils me laissèrent sortir. Quel spectacle funeste s'offrit à moi! Sur une civière, dans un cercueil couvert d'un voile, reposait pour toujours ma fille chérie (1). Un voile, un seul voile me la cachait, et je ne devais plus la revoir! J'oubliai mes promesses, je m'élançai, j'écartai ce voile funeste : Bazine, à qui un art venu de l'Orient avait conservé une apparence de la vie (2), Bazine, enveloppée de linceuls blancs, semblait une vierge qui retourne au séjour céleste d'où elle a été exilée. Sous sa tête on avait déposé une branche de laurier, et ce feuillage toujours vert était le symbole de l'immortalité dont allait jouir celle qui n'avait fait que passer sur la terre. On m'arracha d'auprès d'elle au

—————————————

(1) Mézeray. (Etat de la religion.)
(2) Marchangy. (Gaul. poét., t. II.)

moment où j'allais lui donner le baiser d'adieu, et bientôt le cortége se mit en marche! Tous les serviteurs du château suivaient portant des cierges et des flambeaux, et répondaient aux clercs qui chantaient des cantiques où se mêlaient la douleur et la joie. Au bruit des cloches nous arrivâmes dans la chapelle. On offrit pour l'âme de ma fille le saint sacrifice, et je la vis déposer dans sa dernière demeure, le visage vers le ciel et regardant l'orient (1), d'où doit venir l'ange de la résurrection. On étendit sur le tombeau de riches tapis (2), et nous dîmes un éternel adieu à la fille du malheur.

Depuis ce jour je n'eus plus qu'une consolation, c'était d'aller répandre des fleurs sur la tombe de ma Bazine, d'aller pleurer près d'elle. Bérold, toujours éloigné,

____

(1) Mézeray, *loco citato*, et Histoire ecclésiastique.
(2) *Ib.*

semblait respecter ma douleur, et me laissait libre alors, comme si la liberté avait
quelque prix lorsque l'on n'a plus rien à
aimer. Quelquefois j'allais dans des lieux
solitaires; dans mes promenades j'aimais à
rencontrer des malheureux, je les soula-
geais lorsque je le pouvais, je leur contais
mon infortune, et croyais les avoir consolés
quand je leur disais : Vous voyez qu'il y
a encore des hommes plus malheureux
que vous... L'âme souffrante reçoit plus
facilement la pitié. Cette pitié, ô mon père,
peut-elle donc quelquefois être un crime?
est-il donc quelquefois défendu de soulager son prochain? Un jour, sur ma route,
s'offrit à moi un malheureux qui semblait
accablé de la plus affreuse misère; à moitié
mort de fatigue et de besoin, il était tombé
à terre. Je l'aidai à se relever, et je parta-
geai avec lui le seul bien que j'eusse au
monde, un morceau de pain. Je ne le

quittai que lorsque je le vis remis de sa faiblesse.

A ma rentrée au château je fus surpris de voir que l'on m'évitait, on semblait craindre de se trouver avec moi. Je crus d'abord que Bérold, subitement arrivé, avait donné quelques ordres; mais à mes questions on répondit de loin : — Celui que vous avez secouru est un excommunié, et en partageant votre pain avec lui vous vous êtes associé à sa faute et à son sup-plice (1). — Et pour faire lever cet arrêt cruel, que faut-il que je fasse? demandai-je tout effrayé. — L'évêque seul peut vous absoudre. Sans aucune crainte je partis pour aller trouver l'évêque ; pouvait-il me condamner si avant de secourir un homme souffrant je ne lui avais pas de-mandé qui il était? J'arrivai. La demeure

---

(1) Mézeray. (Abr. chron., t. Iᵉʳ, p. 312.) — Cap. de 755. IX. Syn. Vern.

du pontife était un palais (1). J'entrai d'abord dans une vaste salle ornée des plus riches tapis; on y préparait un festin, et sur des vases d'or et d'argent brillaient les pierreries. D'innombrables serviteurs, chargés de l'apprêt des viandes les plus délicates, des boissons les plus recherchées, allaient et venaient avec empressement, et dans une salle voisine j'entendais les musiciens accorder leurs instrumens et leurs voix, et se préparer à ajouter les charmes de l'harmonie aux plaisirs de la table (2). Qu'il y a des instans où le luxe offense, où la richesse paraît une injustice! Je demandai à être introduit près du pasteur. — Que lui voulez-vous? me dit un domestique avec dureté. — Allez lui dire qu'un malheureux qui a besoin de ses conseils voudrait lui parler. J'attendis long-

____

(1) Mon. Sangal, l. Ier, ch. 20.
(2) *Ib.*

temps. Enfin l'on me mena près de lui, je le trouvai entouré de soldats richement armés, assis sur des coussins délicats, et revêtu de la soie la plus précieuse (1). — Mon père, lui dis-je en me jetant à genoux, je viens implorer le pardon d'une faute involontaire : sans le savoir j'ai secouru un excommunié ! — Malheureux, s'écria l'évêque enflammé de courroux, on méprisera donc toujours les ordres de l'Eglise; c'est ainsi que tous les jours on brave notre pouvoir. Tu seras soumis toi-même au sort de celui dont tu as eu pitié. Ecoute, ajouta-t-il, et exécute fidèlement les ordres que je vais te donner, si tu ne veux pas rendre éternelle la peine que je t'inflige. Dimanche prochain, nu-pieds, couvert d'un sac (2), rends-toi à la porte de l'église. Un prêtre viendra t'y prendre et

______

(1)Mon. Sangal, l. Ier, ch. 20.
(2) Miéville, t. II, p. 107.

te menera vers l'autel où l'on chantera sur toi les sept psaumes de la pénitence. Alors je proclamerai ton crime et te dénoncerai à la haine publique. Les ministres du ciel t'entoureront, et, te saisissant par les cheveux, te chasseront de l'église avec ignominie, en te criant ces paroles de la colère divine : Sois maudit, et mange ton pain à la sueur de ton front (1).

Un geste m'ordonna de sortir. Désespéré, je traversai en courant ces salles où allait se livrer au plaisir celui qui venait de me navrer le cœur. — Quoi! me disais-je, déjà frappé injustement par le bras laïque je me soumettrais encore à une pénitence ignominieuse! j'ajouterais au triomphe de Bérold en lui montrant avili celui qu'il a persécuté avec tant de rage! exposé à la haine, au mépris, mon existence serait celle d'un réprouvé

____

(1) Miéville, t. II, p. 107.

au milieu des justes! je vivrais isolé au milieu des hommes, souillant tout ce que je toucherais et souillé moi-même! j'irais me présenter au supplice! non, je n'aurai pas cet affreux courage ; fuyons, adieu, tombeau de Bazine, fuyons.

Renonçant alors à la société des hommes qui me proscrivaient, je m'éloignai avec rapidité des lieux où tant de maux m'avaient accablé; j'évitais les habitations et ne m'en approchais que pour y mendier un morceau de pain; mais bientôt, comme si le ciel eût entendu les imprécations du méchant évêque, comme s'il eût voulu accomplir la malédiction qu'il avait lancée sur ma tête, tout en moi annonça la réprobation. Fuyant les hommes comme le coupable qu'un grand remords épouvante, couvert d'habits en lambeaux, la barbe longue, les cheveux en désordre, le visage pâle et maigre, j'avais tout l'extérieur de ces malheureux que la justice divine a frappés (1), et qui vont partout demandant en vain des secours et de la pitié. On fuyait devant moi, en criant: C'est un excommunié.

Dans mon infortune je rencontrai cependant deux compagnons de souffrances. L'un était attaqué de cette affreuse maladie dont la contagion invincible répugne et revolte; chassé par les hommes que son aspect épouvantait, il avait adopté une vie errante et la préférait à la prison d'une léproserie. Le second était encore plus affreux : c'était un fratricide. — Vous vous plaignez de l'injustice des hommes, disait-il, et moi, suis-je puni selon la loi? Elle ordonne à celui qui aura tué son père ou son frère de prier un an à la porte de l'église et de ne communier que deux ans après sa faute; elle lui défend de manger de la chair pendant toute sa vie, excepté les

---

(1) Voyage dans l'ancienne France , t. II , p. 107.

dimanches et les jours de fête ; elle lui enjoint de ne porter les armes que contre les païens et de marcher toujours à pied (1). Voilà tout ce qu'elle commande : et vous voyez cependant comment m'a traité l'évêque qui aurait dû l'exécuter. En effet, si le crime était affreux, le châtiment était terrible ; il avait d'abord été flagellé et jeté dans une obscure prison où il était resté un an (2) ; après ce temps, on lui avait scellé autour du corps une ceinture de fer ; un anneau de fer lui pressait chaque bras, et par son frottement continuel avait rongé les chairs et pénétré jusqu'aux nerfs qu'il frappait à chaque mouvement. Sans chaussure, sans vêtement, le fratricide avait été chassé de sa patrie. Il allait au tombeau

____

(1) Annales ecclésiastique du père Le Cointe, t. VIII, p. 49.

(2) *Ibid.*, t. VIII, p. 99.

de sainte Gertrude (1); là, un anneau devait tomber; ainsi le lui avait prédit un
devin après lui avoir fait piquer au hasard
des feuillets de la Bible et avoir interprété
les passages qu'il avait rencontrés (2).

C'est avec ces deux malheureux que j'é-
tais condamné à passer mes jours; et, le
croirez-vous, mon père, je ne pouvais vivre que de ce qu'on leur donnait. On jetait du pain au lépreux, et on me repoussait
avec horreur. Cependant la plus grande
solennité de l'Eglise approchait. Je résolus
d'entrer dans une ville pour implorer la
clémence du ciel et demander aux hommes
qu'ils levassent l'anathème qui pèse sur
moi. Tandis que souffrant je m'achemi-
nais vers l'église, on m'a entouré, on m'a
conduit à vous, et je suis devenu votre
hôte. Vous savez tout maintenant, dites-

____

(1) Ann. eccl. du père Lecointe, t. VIII, p. 99.
(2) Miéville, t. II, p. 190.

moi, suis-je coupable, le ciel m'a-t-il condamné, et les hommes doivent-ils me repousser toujours ?

Richart avait fini son récit : — Mon fils,
lui dit Déodat, vous avez été cruellement
éprouvé, et beaucoup de péchés vous seront remis parce que vous avez beaucoûp
souffert. Non, le ciel ne vous a pas condamné ; les arrêts des hommes, Dieu ne
les sanctionne pas toujours. Ce que le pasteur irrité vous avait dit, plus calme le
lendemain peut-être il l'eût démenti lui-
même, car le cœur de l'homme est aussi
inconstant que la bonté de Dieu est infi-
nie. Restez avec moi : je sais que je ne de-
vrais vous recevoir que sur des titres attes-
tant que vous êtes libre (1), que la loi
voudrait que je vous renvoyasse au comte
Bérold, qu'il peut même exiger de moi

----

(1) Cap. II. *Incerti anni.*

des indemnités (1); mais s'il vous réclame je ferai parvenir vos plaintes jusqu'au pied du trône, et là la violence perd ses droits. Restez avec moi, que l'espérance rentre dans votre cœur ; les malheurs passés sont des gages d'un avenir plus heureux.

Richart, qui trouvait dans le saint pontife plus qu'un bienfaiteur, un ami, oubliait peu à peu tant d'infortunes. Bazine seule lui coûtait encore des larmes ; mais sans ce souvenir, tout le passé eût été trop funeste pour lui. Cependant le ciel devait lui payer tant de souffrances. Un jour Déodat entre la joie sur le front : — Richart, lui dit-il, votre patrie aurait-elle des charmes pour vous ? — Ma patrie aura toujours mes regrets ; mais séparé de mes concitoyens par une croyance étrangère, ils me repousseraient. — Détrompez-vous, reprend Déodat, cette croyance est deve-

____

(1) Cap. de 803, 11.

nue la leur. Lassés enfin par les victoires de Charlemagne, ou plutôt cédant à son génie(1), ils abjurent la croyance qu'a déjà abjurée Witikind, et l'empereur pour les récompenser leur donne les terres fécondes de la Flandre. — Quoi! s'écria Richart, je pourrais revoir ceux que je n'ai jamais oubliés, je pourrais parler la langue que je bégayais dans mon enfance! Peut-être trouverai-je un de ceux que j'ai connus autrefois; nous parlerons du Rhin, de nos pères et de nos anciens combats. —Partez donc, dit Déodat, partez dès demain, et retrouvez le bonheur avec des souvenirs.

Le lendemain dès le matin Richart faisait ses adieux au pieux Déodat; ils s'embrassèrent sur le seuil de la maison. Le Saxon soutenu par le bâton du voyageur

____

(1) Tous les historiens de Charlemagne.

s'éloigna en se retournant souvent pour voir le bon évêque, et lorsque la distance ne lui permit plus de l'apercevoir il se retournait encore pour jeter un dernier regard sur la maison qu'habitait son bienfaiteur.

NOTES.

(*a*) LE manteau était encore une des parures du riche. Le plus souvent c'était un morceau de drap plus long que large, qui, placé sur les épaules, descendait jusqu'aux pieds par-devant et par-derrière, mais sur les côtés atteignait à peine les genoux. Quelques-uns le portaient entièrement fourré de peaux de phénix, de paon et de loire bordées de pourpre ; d'autres taillaient les fourrures en bandes détachées. Parmi les grands seigneurs de la cour quelques-uns portaient un collier d'or à trois chaînes entrelacées de roses, au bout duquel pendait une genette d'or. C'était la décoration de l'ordre de la Genette, institué par Charles-Martel.

Quant à Charlemagne, il rejeta toujours les innovations que dans ce temps comme dans le nôtre on empruntait aux étrangers, et conserva le costume franc dans toute sa simplicité. Les jours de fête seulement, ou lorsqu'il recevait des ambassadeurs, sa robe était brochée d'or et retenue par une agrafe du même métal ; des pierreries enrichissaient sa chaussure, et son diadème était brillant d'émeraudes. En guerre il était tout couvert de fer. Pour compléter tout ce qui a rapport au costume de ce prince, je rapporterai une ancienne traduction de quelques passages d'Eginhart. (Vie de Charlemagne, ch. 22 et 23.)

« De robes se vestait à la manière de France ; après la

char usoit de chemises et famulaires (caleçons) de lin. Par-dessus vestoit une cotte ourlée de drap de soye; chauces et soulers étroits chauçoit ; en yver vestoit un garnement forré de piaux de loure ou marte. Toujours avoit l'espée chainte dont li paumiaus estoit d'or et d'argent , et li baudrez isun tissu de soye si ençaingnoit *gemmatum* (orné de pierreries); aucunes fois meismement aux hautes feistes et quand messages d'estranges terres devoient devant lui venir. Estranges manières de robes ne vout oncques vestir , tant fussent belles , fors une fois tant seulement qu'il vestit une cotte et un mautel à la guise de Romme , à la prière de l'apostole André. »

Les femmes de sa cour admettaient plus de luxe : des ganses d'or fermaient leurs robes de pourpre , des bandelettes de la même couleur ceignaient leur front. Les plus riches pierrerie s formaient leurs colliers. (*Voy*. Sangal, l. Ier , ch. 36. — Poeta saxo , l. V, v. 339 et suivans. — Voyage dans l'ancienne France, t. II , p. 21 , 183 et suiv. —Poëme attribué à Alcuin, v. 184.

(*b*) Voici l'anecdote du moine de Saint-Gal qui m'a donné l'idée de cette exposition.

Il raconte qu'un évêque fut tourmenté pendant le carême du désir de manger de la viande ; ce désir devint bientôt un besoin si pressant, que n'y pouvant tenir il convoqua les évêques voisins pour leur exposer tout ce que la tentation lui faisait endurer de tourment. Grave délibération. On décide enfin que si l'évêque ne peut pas résister au désir qui le presse , il lui sera loisible de manger de la chair ; mais qu'après avoir satisfait ce caprice du démon il fera pénitence. La capitulation est acceptée, et l'appétit impie du saint homme va se satisfaire ; mais quel changement inattendu ! A peine le mets défendu par les lois de l'Eglise a-t-il touché son palais, qu'il est saisi du dégoût le plus violent et rejette avec horreur l'aliment qui allait souiller sa pureté. Saisi de terreur en pensant à l'infraction des lois dont il allait se rendre coupable, il veut expier, par une pénitence éclatante et publique, le crime qu'il a manqué commettre. Il commence par s'imposer des jeûnes de deux et trois jours ; évitant le sommeil comme une douceur qui ne lui est plus permise, il secourt lui-même les infirmes et les étrangers. C'est peu encore ; le samedi de Pâques il emprunte des tonneaux dans toute la ville : les remplit d'eau chaude et appelle ensuite à lui tous les pauvres : lui-même les lave, les peigne; plus ils sont sales, plus son zèle cherche en les décrassant à obtenir son pardon. (*Purulentias scabiesque per hirsutorum corporum vepres unguibus extrahit*). Tous les pauvres avaient passé par ses mains , déjà il se retirait, lorsqu'il s'en présente un plus malpropre que tous les autres. La charité du saint homme se rallume , il le saisit, le plonge dans une cuve , et après l'avoir nettoyé, se met à le raser. Il commence par le haut d'une joue, promène le rasoir sur la peau qu'il racle jusqu'au menton , puis reprend l'autre joue pour la débarrasser aussi

d'une barbe noire et touffue ; mais quel est son étonnement lorsqu'en revenant au point où il croyait sa be-
sogne terminée il trouve la barbe déjà repoussée. Le pasteur s'arme de patience; trois fois il recommence, et trois
fois le même prodige s'opère. Il n'était pas homme à se
décourager et allait encore faire agir le rasoir , lorsque
sur ce menton poilu paraît et s'ouvre un œil. Plus de
doute : c'est le diable ! Le bonhomme fait le signe de la
croix, et le démon vaincu est obligé de quitter la partie.
Mais avant de disparaître il fait une grimace au pieux gour-
mand , et lui montrant son œil au menton : « Souviens-
toi, lui dit-il, que j'ai toujours là un œil pour voir ceux
qui mangent de la viande en carême.» C'est ici, je crois,
la place de faire remarquer que la volaille à cette époque
était considérée comme maigre ; dans les monastères
même on accommodait les légumes avec du jus de lard.
(*Voy*. Vie privée des Français, t. II , p. 161 ; et Voyage
dans l'ancienne France, t. II , p. 141.)

(*c*) La statue d'Irmensul me paraît une allégorie bien
compliquée pour des Saxons du huitième siècle , et
bien appropriée aux idées modernes. Je traduis le passage de Spelmannus. « La statue d'Irmensul était armée
de pied en cap ; dans la main droite elle avait un étendard où l'on voyait une rose qui , par sa courte existence,
sa naissance facile et sa prompte mort est l'emblème des
combats ; dans la main gauche elle tenait une balance
mobile , image du sort incertain des combattans : sur

son bouclier était un lion, roi des animaux, symbole d'un courage invincible; il se reposait dans un champ de fleurs, parce que rien n'est plus doux pour le brave que de montrer son courage sur le champ de bataille.

(d) Charlemagne, que l'Université honore encore aujourd'hui comme son premier fondateur, ne voulait connaître d'autre distinction que celle du savoir. Il avait établi des écoles où se rendaient également les enfans du riche et du pauvre. Le roi les interrogeait lui-même. Dans un examen il trouva les fils des seigneurs tout-à-fait ignorans, tandis que ceux des artisans avaient fait de grands progrès; il rangea les premiers à sa gauche et les seconds à sa droite. Je vous remercie beaucoup, dit-il à ceux-ci, d'avoir autant que vous le pouviez obéi à mes ordres et à votre intérêt; tâchez de vous perfectionner, je vous donnerai des évêchés, des monastères magnifiques, et vous serez toujours estimés de moi. Puis se tournant à sa gauche : Vous, nobles fils des premiers de l'Etat, pleins de confiance en votre naissance et en vos grands biens, vous avez méprisé mes ordres et vous vous êtes livrés à la paresse, au luxe, au jeu, à de vains exercices. Par le roi du ciel ! je me soucie fort peu de votre noblesse et de votre beauté ; sachez bien que si vous ne compensez votre négligence par les soins et le zèle, vous n'obtiendrez jamais rien de moi.

(e) Toutes les histoires et les annales font mention des

tributs que l'admiration venait déposer aux pieds de Charlemagne.

Alfonse, roi de Galice et d'Asturie, vainqueur au fond de l'Espagne, envoie au roi de France des cuirasses, des mulets et des captifs maures pour monument de sa victoire ; une autre fois il lui fait offrir un papillon d'une grandeur extraordinaire.

Des ambassadeurs du roi de Perse, chargés de présenter au héros de l'Occident des tissus, des parfums précieux, disaient que jusqu'alors ils avaient vu des hommes de terre, mais qu'à la cour de France ils avaient trouvé des hommes d'or.

Le poëte saxon dit que le roi féroce des Sarrasins, si terrible au reste de l'univers, rendit hommage à l'empereur. Parmi ses présens, ajoute-t-il, il en était un admirable ; c'était une tente d'une telle grandeur que l'on se demandait avec surprise où l'on avait pu rassembler tant de toiles, quels champs féconds avaient produit une moisson si abondante de lin. Il fallait des milliers d'hommes pour dresser cette tente miraculeuse ; la flèche lancée avec force ne pouvait en atteindre le sommet ; dans l'intérieur étaient des appartemens nombreux et magnifiques, et l'on aurait cru que c'était moins une tente mobile que les murs d'un superbe palais.

(*f*) Je rapporte encore ici l'ancienne traduction d'un passage d'Eginarht.

« Si sobre estoit que de vins et autre breuvage que poi avenoit que il beust plus de trois fois à un mangier. En été après la table prenoit d'aucun fruit, ou poire ou pomme, et puis bevait une fois. Despoillier et deschaucier se faisoit aussi comme par nuit, et se dormoit ou se reposoit deulz heures ou trois. Aus grandes nuits d'hyver avoit telle manière de vivre que il rompoit son dormir quatre fois ou cinq en une seule nuit, non mie tant seulement en éveillant, ains se chauçoit et vestoit, et venoient si privés devant lui, et si li sénéchaus du palais avoit nul plait qui sans li ne pust être déterminé, tantost faisoit venir les parties si elles estoient présentes, et donnoit sentence après la connoissance de la cause ; si arrivoit souvent que il ne délivroit pas tant seulement une seule besoigne, mais toutes celles qui lendemain devoient être déterminées devant li ou palais. » (Egin., ch. 24.)

(g) Outre ces chapelains payés par le roi, il y en avait d'autres qui louaient leurs services à des familles pour exercer les fonctions sacerdotales ou même épiscopales dans des bénéfices transmis par héritage à des laïcs. Ils pouvaient être renvoyés comme tout autre domestique. Quand leur administration était indécente et scandaleuse, l'autorité ecclésiastique n'avait d'autre ressource que de retirer les reliques des églises. (Montesquieu, Gaillard, 75, t. III.)

(h) Les jeux des hommes étaient la marelle, les échecs,

les dés, et le jeu que les enfans nomment aujourd'hui *pile* ou *face*.

Les enfans jouaient à pair ou non avec des noix ou des amandes, au collin-maillard, à la tortue, à la course à cloche-pied. (Voyage dans l'ancienne France, t. II, p. 195.)

(1) On conservait chez soi du pain consacré pour en faire usage dans les grands dangers. (Mézeray. Etat de la religion en France.)

EUGÈNE

ET

EUGÉNIE.

EUGÈNE

ET

EUGÉNIE,

OU

L'ANNÉE 1817.

Eugène, dès l'âge où l'on peut apprendre avec fruit, avait été placé par ses parens dans un lycée de Paris. Jusqu'à quinze ans il les avait crus assez favorisés de la fortune, et leur prodigue indulgence avait pris soin de lui donner quelques notions des arts d'agrément. Ils moururent; Eugène resta orphelin et pauvre. Il lui eût même fallu renoncer à finir son éducation sans la générosité du digne proviseur qui administrait le collége : il n'avait pu refuser son affection à la douceur, au travail de son élève; Eugène resta boursier; rien ne changea dans son existence scolastique, mais il n'avait plus les caresses d'une mère. Des regrets dont aucune affection n'adoucissait l'amertume, l'incertitude d'un avenir où il entrait seul, lui firent contracter une habitude de mélancolie qu'augmentèrent encore trois années d'une retraite absolue dans son collége. A dix-huit ans il avait terminé ses études avec quelque succès ; mais seul pouvait-il entrer dans un monde où il était étranger? Il s'en éloigna sans regret, et accepta sans répugnance, comme sans vocation, une place subalterne dans l'instruction publique. Il savait trop que de pareils emplois, pour être très-honorables, n'en sont ni plus honorés, ni moins ennuyeux.

Pendant cinq ans, privé d'une liberté dont il ne connaissait pas le prix, Eugène travailla à s'instruire. Il obtint enfin une

place qui, avec des appointemens mé-
diocres, le délivrait de son long esclavage.
Rendu à lui-même, habitant dans un
quartier retiré, il vivait solitaire, et ne
connaissait d'autre plaisir que celui d'aller
admirer quelquefois les chefs d'œuvres de
la scène française.

C'est au sortir d'une de ces représen-
tations où tout le monde est à son poste,
l'amateur modeste au parterre, le vieil habitué à l'orchestre, l'élégant au balcon et
la cabale partout, qu'Eugène retrouva Alfred, un de ses anciens amis de classe. Ils
s'embrassèrent en se serrant la main. J'ai
toujours trouvé quelque chose de saint
dans cette accolade de deux anciens amis,
dans ce baiser si franc, si fortement appuyé, expression spontanée d'une amitié
vraie. Quand je vois ainsi deux hommes
se jeter dans les bras l'un de l'autre, saisi
de respect, je suis toujours tenté d'ôter
mon chapeau.

Après la première effusion du plaisir commencèrent les questions qu'inspire un tendre intérêt et auxquelles répond la franchise. Lorsqu'Eugène lui eut appris la carrière qu'il avait suivie : — Pauvre enfant des Muses, lui dit son ami, je te plains, soit vertu, soit pruderie, elles renient bien des enfans qui prétendent être leurs. — Mais toi, Alfred ? — Oh ! moi, je suis un noble fils de Mars ; ce dieu un peu brutal m'a cassé une cuisse, remise maintenant, comme tu vois, et vingt fois par jour le fusil, résonnant sous la main qui le frappe, me dit : je salue un brave. Au lycée, tu le sais, on m'accusait d'être mauvaise tête, ils ne s'y connaissaient pas ; c'était du courage qui voulait sortir. Moins turbulent aujourd'hui, je n'en suis pas moins gai ; j'aime encore à rire et surtout à retrouver un ancien camarade qui m'aima, qui me consola dans mes nombreuses disgrâces scolastiques, qui m'aime encore, n'est-ce pas, Eugène? Eh! mais tu as l'air tout attendri! toujours ta teinte de sentiment. Voyons, qu'as-tu? tu sembles vouloir pleurer? est-ce que tu n'es pas heureux, Eugène? — Non, mon ami; et ta vue, d'anciens souvenirs, le bonheur qui est peint dans tes traits, m'ont encore mieux fait sentir mon infortune. Je suis seul. Depuis bien long-temps, voilà le seul instant d'épanchement que j'aie goûté. — Et comment! n'avais-tu pas d'autres amis de collége? — Oui, tant que je fus au lycée; là, il n'y a pas de distances. Mais après en être sorti, tous se lancèrent dans le monde, et moi je restai pauvre; l'un me dédaigna, l'autre, en m'accueillant, par sa richesse me faisait encore plus sentir mes privations. Un peu d'orgueil, de dépit, m'éloigna du monde. Je m'ensevelis dans ma retraite; j'y trouvai les plaisirs de l'étude; mais depuis cinq ans je n'avais pas serré la main d'un ami.

Alfred avec sa gaîté parvint à dissiper ce nuage de tristesse. Il fit voir à Eugène qu'avec le genre de vie qu'il avait adopté il avait dû éprouver le malheur dont il se plaignait. — Quoi ! lui disait-il, tu veux écrire et tu ne veux pas connaître les hommes ! Allons, quitte ton ermitage, viens dans le monde, je serai ton mentor. En vain Eugène voulait-il s'en défendre. — Après demain, lui dit Alfred, je te mène au bal ; c'est une des soirées les plus brillantes de Paris. Tu y figureras avec moi.—Mais tu déraisonnes, Alfred, songe donc combien je vais me trouver décontenancé dans un monde auquel je suis étranger.—Mauvaise objection : si tu avais été élevé dans l'ancienne méthode, je t'accorderais six mois pour t'habituer à lever les yeux, à saluer sans rougir, à dire bonjour sans bégayer ; mais élevé dans les exercices militaires qui dégagent la taille et donnent du maintien, il ne te faut qu'autant de temps qu'il en est besoin pour te familiariser avec l'idée que tu te trou-veras avec des hommes qui ne sont pas des Cicéron et des femmes qui n'entendent pas le grec. — Mais la toilette? — Ne vas-tu pas acheter un habit à la française? Un simple habit noir et le reste de même. Rien n'est plus commode :

Sous des habits de deuil nous courons au plaisir.

Donne-moi ton adresse ; après demain, à neuf heures, je vais te prendre, et ta mé-lancolie viendra passer la nuit au son d'un orchestre que dirigera C   ollinet.

Alfred fut exact au rendez-vous ; il trouva Eugène qui venait de finir sa mo-deste toilette, et dont le cœur battait d'a-vance. La main de l'ancien hussard, qui pour avoir manié le sabre et le pistolet n'en était pas moins habile à construire le nœud d'une cravate, donna un tour plus élégant à celle de son ami, fit onduler son

jabot avec grâce, et rassurant sa timidité
alarmée:—Tu es bien, très-bien, lui disait-
il; ah! vois-tu, je te soigne ; un soir de
présentation! tes cheveux sont un peu en
désordre; qu'ils s'inclinent vers la droite,
comme s'ils cédaient à l'effort du vent;
c'est mieux, beaucoup mieux! Fais avancer un peu plus le collet de ton habit.
De temps à autre, dans la soirée, tes deux
mains en saisiront les extrémités indociles
et les rameneront à la place que le goût
leur assigne : cela te servira tout naturel-
lement d'attitude. Tu es prêt? les gants,
le chapeau à la main. Marchons. Un cabriolet les emmène. — Mais, disait Eugène
toujours inquiet, dis-moi donc quel ton
je dois prendre? quel langage je dois tenir?
—Veux-tu donc, reprit Alfred, que je te
dicte une conversation ? veux-tu donc
imiter ces gens prudens qui élaborent le
matin leur esprit du soir; je t'en prie, sois
toi-même, sois naturel. On te remarquera;

c'est rare. Tandis que l'aimable étourdi donnait à son craintif élève ses dernières leçons, le cabriolet, arrivé dans une des rues les plus élégantes de la Chaussée-d'Antin, avait pris son rang à la suite d'une longue file de voitures. Nous arrivons, dit Alfred; c'est là, à cette maison dont les bornes sont chargées de lampions et dont quatre gendarmes gardent la porte. — Serait-il arrivé quelque chose? — Point du tout; comment! tu es assez ignorant des usages de ton siècle pour ne pas connaître le proverbe : Point de bonne fête sans gendarmes. Cette milice protectrice et bienfaisante est moins souvent requise par le préfet de police que par l'intendant des menus-plaisirs. Quand tu voudras savoir le haut et le bas de l'allégresse publique, va compulser les feuilles de service des casernes de gendarmerie. Lorsque tu en auras trouvé une dont l'effectif porte à peu près tous les hommes disponibles,

retiens la date, ce jour-là tout Paris était
en liesse!

Tandis qu'Alfred instruisait son ami, les
voitures qui précédaient leur modeste équi-
page avançaient lentement, et le froid, auquel ils ne pouvaient opposer ni glaces ni
stores, commençait à les pénétrer, lorsqu'enfin, prenant le parti le plus court,
mais non pas le plus sûr, ils s'élancent du
cabriolet, suivent le mur avec précaution;
et saisissant un instant où une voiture
vient d'entrer dans la cour, y pénètrent à
sa suite et la traversent au bruit des chevaux qui piaffent, des valets qui jurent,
et au risque d'être moulus par les équi-
pages qui se croisent. Les périls ont cessé
et l'étonnement commence pour Eugène:
il est arrivé à l'escalier; mille bougies l'é-
clairent entremêlées avec goût à des ar-
bustes verdoyans; le maître de la maison
s'est rappelé que le chemin du plaisir est
facile et agréable. Si tu ne viens qu'en ob-

servateur, dit Alfred, voici ta place. Les
groupes des salons ici se décomposent; l'é-
tude des détails est ici plus facile; tu verras
tour à tour l'élégante qui monte en composant les grâces qu'elle doit avoir dans le
salon, et l'élégante qui descend fière de ses
succès et suivie de quelques desservans
qui reconduisent l'idole jusqu'à son coupé.
— Mais plus bas, dit Eugène, cette dame
va t'entendre. — Vois, continua Alfred,
comme les plaisirs ont respecté sa toilette;
ils ont folâtré loin d'elle. Elle va dans un
autre bal obtenir un nouveau triomphe,
et rentrera heureuse d'avoir, pendant toute
une soirée, plu aux hommes, et fait dé-
piter les femmes sans s'être amusée un
seul instant. Mais c'est assez s'arrêter à la
porte. Entrons. Après avoir déposé leurs
chapeaux dans un vestiaire et reçu en
échange un numéro, faible sauvegarde
contre un valet peu scrupuleux, ils pénètrent dans une première salle où se trou-

vent les jeunes demoiselles qui, préférant, soit par goût, soit par nécessité, le plaisir de la danse à celui de briller, ont rencontré un cavalier assez enfant pour daigner s'amuser. Là on ne marche pas toujours, on cause quelquefois et même on y a vu rire. Les deux amis ne font que passer pour entrer dans le grand salon. C'est là qu'ils doivent rencontrer la maîtresse de la maison, et la saluer, s'il est possible d'approcher d'elle. Long-temps la foule pressée à la porte les arrête, mais au dernier coup d'archet les dames reconduites à leur place cèdent le terrain, où, pendant quelques instans, il est permis de circuler. C'est là que tout le luxe est réuni; Eugène admire l'enceinte multipliée avec ses richesses par des glaces qui la ferment de tous côtés; des candélabres où l'or seul le dispute au cristal, et qui étendent leurs bras chargés de bougies; le parquet de bois des îles où s'entremêlent et se dessinent l'ivoire et l'ébène. Tant de richesses l'étonnent, et à la vue de tant de superflu il soupire, lui qui quelquefois manqua du nécessaire. — Nous sommes donc chez un prince? dit-il à Alfred. — Mieux que cela, mon ami, chez un banquier. Au moment où celui-ci disait ces mots, il se trouvait près de la déesse de la fête; elle s'échappait d'un groupe de flatteurs qui la retenaient pour plus de contredanses qu'on n'en jouerait dans la nuit, et qui auraient cru manquer aux lois de la civilité s'ils n'avaient importuné pendant un quart d'heure la maîtresse de la maison qui les avait invités. Quelques officieux, pour jouer un rôle, le carnet à la main et mordillant le bout argenté d'un crayon, tenaient la liste des aspirans. Madame, dit Alfred en s'inclinant, et présentant Eugène qu'il tenait par la main.... — Ah! Alfred! charmant! il est exact. En parlant elle avait fait une révérence et était déjà loin. Maintenant que te voilà présenté, continua Alfred, je te laisse. Tâche de t'amuser, je vais saluer les personnes que je connais. Quand tu seras las de danser reviens près de ce monsieur en cheveux blancs; c'est mon père. Sa conversation pourra te plaire, je lui ai déjà parlé de toi. Eugène, laissé seul, dansa quelques contre-danses dans le premier salon, et visita ensuite les riches appartemens qu'on a toujours soin de laisser ouverts, pour que le lendemain on parle des draperies de la chambre à coucher et du goût qui disposa le boudoir. Tandis qu'il errait ainsi, il arriva sur le seuil d'une salle ou régnait le plus profond silence. Personne ne se promenait, mais un assez grand nombre d'hommes élevés sur la pointe des pieds, le corps en avant, la tête penchée, étaient réunis en groupes arrondis; c'était la salle de jeu. Le silence fut subitement rompu. Plusieurs s'approchèrent davantage de la table qu'on entourait, un nombre égal s'en éloigna et quelques-uns repassèrent dans les salons de danse. On venait de finir un coup d'écarté, et l'on partageait les piles d'or que l'espoir avait déposées sur le tapis.

Eugène effrayé sortit précipitamment et vint se réfugier près du père d'Alfred, M. d'Herbecourt, qui bientôt l'eut mis à son aise par son air de franche bonhomie. — Je le vois, lui dit-il, vous vous étonnez de ne pas trouver plus d'abandon, de franche gaîté dans cette fête. Mais il faut réfléchir que ce n'est pas l'amour du plaisir, encore moins celui de la danse, qui attire les personnes qui sont ici réunies. Cette soirée n'est pour le maître de la maison qu'une corvée qui lui est imposée par ses relations ; on paie à sa femme en fadeurs ce qu'il dépense en argent et en ennui. Sans médire on peut assurer que les femmes sont amenées ici par le désir d'effacer des rivales en beauté ou en richesse. Les hommes espèrent y trouver quelqu'un qui leur apprendra les hausses et les baisses de la bourse et du gouvernement; ils sont encore négocians ou politiques aux sons de ce bruyant orchestre. Quelques insensés, et c'est là le trait le plus triste du tableau, arrivent enfin ici dans l'espoir de réparer la perte ou de doubler le gain de la veille, et apportent la plus affreuse des passions dans les lieux qui devraient être consacrés au plus innocent des plaisirs. Le luxe vous chagrine. Ah! ne le blamez pas trop. Un seul homme n'a pas recueilli les dépenses faites pour décorer ces magnifiques appartemens; le prix en est descendu par une longue chaîne, depuis le riche entrepreneur jusqu'au pauvre ouvrier. Puisqu'il faut du luxe, le nôtre est encore plus sage que celui des nations anciennes. Eh! dites-moi, ne préférez-vous pas le riche de Paris payant de son or les produits de l'indus-

trie, au riche de Rome payant 10,000 fr.
un poisson rare.

M. d'Herbecourt plaidait encore la
cause du luxe lorsqu'on vint annoncer le
souper. Les dames escortées par leurs cava-
liers passèrent au festin qui leur était préparé, quelques vieillards s'assirent parmi
elles, mais les jeunes gens, debout derrière
la chaise de la dame à qui ils avaient voué
leurs services , donnaient et recevaient
tour à tour des complimens et des friand-
dises. C'est au souper que commence or-
dinairement la gaîté; la gêne fuit devant
la table; reste heureux de ces temps où
deux hommes étaient amis, parce qu'ils
avaient dîné ensemble. Eugène commença
à être plus à son aise; il dansa de meilleur
cœur, et moins gêné; la foule commençait
à s'écouler, et cinq heures venaient de
sonner, lorsque l'on proposa l'écossaise.
Tous acceptèrent par acclamation. Eugène
se contenta du rôle de spectateur; il fut

rejoint par Alfred. — Et pourquoi donc n'es-tu pas à l'écossaise? — Mais, répondit Eugène, je ne la connais nullement. — Eh! qu'importe, tout le monde la danse, et trois ou quatre la savent. Il y a toujours des entrepreneurs d'anglaise et d'écossaise qui donnent le branle à tous les autres, et si ma blessure ne m'avertissait pas qu'il est temps de cesser, tu me verrais descendre avec ma danseuse, le long de ces salons que leurs portes ouvertes transforment en galeries. Mais tandis que je te parle, tu sembles suivre quelqu'un avec des regards bien attentifs. — En effet, dit Eugène, je crois reconnaître. Oh! oui, c'est elle, je n'en saurais douter. — Mais qui? elle? — Tiens, regarde cette jeune demoiselle qui balance en face de nous? j'admirais sa grâce, sa taille parfaite, quand ses traits m'ont rappelé un doux souvenir? — Tu la connais donc? dit Alfred, qui semblait étonné. — Non, mais je l'ai déjà vue.

— Et quand? — Je vais t'expliquer cela.
Il y a six mois à peu près, je passais sur
le boulevard lorsque je fus surpris par la
pluie. Espérant qu'elle cesserait bientôt,
je me retirai sous un de ces abris que les
cafés offrent en été contre les ardeurs du
soleil. En face de moi était un pauvre qui
n'avait pas quitté sa place, mais qui, se ta-
pissant de son mieux sous le feuillage
d'un arbre assez mince, sollicitait la pitié
des passans. Il semblait leur dire : Je
comptais tant sur votre charité, que je
suis resté malgré la pluie. Une jeune personne, dont la beauté me frappa, entendit
sans doute ce langage. Mais d'une main
elle tenait un parapluie et de l'autre un
de ces sacs que l'on a encore bien de la
peine à ouvrir quand on n'est point em-
barrassé. Elle aurait cependant bien désiré
donner au vieux pauvre. Je voyais sa
peine et j'aurais voulu aller l'aider, mais
je n'osais, quand je la vis donner son pa-

rapluie au pauvre homme, et réunie avec
lui sous le même abri, chercher le bienfait dont elle n'avait pas voulu le priver.
Je ne saurais t'exprimer combien cette action, qui paraît bien simple, et que bien
peu auraient faite, me toucha et m'attendrit. Je joignis mes bénédictions à celle
du pauvre et la suivis des yeux aussi long-
temps que je pus. Je viens de la reconnaître avec un sentiment de joie bien pure,
et je t'avoue que si jamais j'ai désiré connaître une femme, c'est celle qui m'a paru
si bonne alors, et que je vois maintenant
si jolie. — Tu me remercierais donc bien,
reprit Alfred, si je te fournissais un moyen
d'aller lui parler lorsque l'écossaise sera
finie. Prends ce mouchoir, cet éventail, tu
iras les lui remettre en lui disant que je te
les ai confiés. — Comment, heureux Alfred, tu la connais? — Je la connais, oui,
mais heureux, non; elle mériterait d'être

adorée, et je ne puis que l'aimer; je suis son frère.

Quelques instans après la contre-danse finit, Eugène alla presqu'en tremblant remettre son précieux dépôt entre les mains d'Eugénie, c'était le nom de la sœur d'Alfred; le bal finissait, chacun se retirait; il lui offrit la main jusqu'à sa voiture et la quitta avec regret, après avoir présenté ses respects à M. d'Herbecourt et serré la main à Alfred.

Eugène dormit peu; cette nuit bruyante avait agité ses sens: et pendant son sommeil les scènes de la soirée se présentaient à lui; il entendait encore le son des instrumens, tout était en mouvement autour de lui; au milieu du tumulte il apercevait encore Eugénie. Le travail des jours qui suivirent fut quelquefois interrompu par des souvenirs. Il regrettait surtout de ne pas voir Alfred; il eût pu causer avec lui de tout ce qui l'intéressait; mais son ami avait pris son adresse sans lui donner la sienne. Il revint enfin, et lorsqu'il eut bien laissé parler Eugène qui avait toujours quelque circonstance à rappeler, quelque éclaircissement à demander : — Écoute-moi à mon tour, lui dit-il, je viens te parler affaire. Je sais que, malgré ta prédilection pour les lettres, tu as étudié les mathématiques, et par là, tu peux m'être utile. On forme un état-major ; mais avant d'y être admis, on est soumis à un examen ; il faut donc que je travaille ; aide-moi, conseille-moi, en un mot, je veux que tu me donnes des leçons. Eugène essayait de s'en défendre, s'excusait sur son peu de connaissances, nommait des professeurs instruits. — Non, reprit Alfred, il me faut toi ; je suis léger, tu seras patient, j'oserai avec plus de liberté te présenter mes objections. Tu hésites encore ; tu ne songes donc pas que, pour récompense, tu verras plus souvent ma sœur. Tout est déjà convenu avec mon père et je viens de sa part t'inviter pour demain à dîner et à passer la soirée avec nous. Ce ne sera pas brillant comme notre bal, mais tu y seras plus à ton aise. Mon père t'aime déjà : c'est le meilleur des hommes, un peu sévère de caractère, mais excellent de cœur. Il te racontera son histoire; ah! il faut te résoudre à en passer par là. « Monsieur, te dira-t-il, si tu lui parles de tes malheurs, j'ai long-temps souffert aussi, j'ai fui ma patrie en proie aux fureurs de barbares qui avaient passé à travers la liberté; j'ai gémi sur la terre d'exil; mais dès que mon pays a consenti à ne plus voir un crime dans la crainte qui m'avait forcé à le fuir, je suis revenu aux lieux que j'avais toujours chéris. J'avais perdu mes honneurs, une partie de ma fortune, j'en ai payé sans regret le bien péniblement enfanté au milieu de tant de maux. Séparant dans mon cœur ma patrie des crimes dont on l'accusait, j'ai voulu

que mon fils combattît pour elle ; il a répondu toutes les fois qu'on a fait un appel
à la jeunesse française. » Je sais tout cela par
cœur ; de là il conclura que tu es le bien
venu quelle que soit ton opinion, parce
que d'anciennes affections l'attachent à un
parti et que la raison l'attire à l'autre. Eh!
mais, j'y songe, comment penses-tu? combien je suis étourdi ! il est de rigueur de
connaître au bout d'une heure l'opinion
de celui avec qui l'on parle , et depuis
quinze jours j'ignore encore la tienne. De
grâce, instruis-moi : — Mais, reprit Eugène, une opinion, puisque par ce mot on
entend toujours maintenant opinion politique, ne peut se former que de la compa-
raison des résultats historiques; cette étude
qui embrasse toutes les nations, tous les
temps, est immense, et la loi avait mesuré
toute son étendue, lorsqu'elle a voulu que
l'homme d'état réfléchît quarante ans avant
de monter à la tribune. — Oui, mais, re-

prit gaîment Alfred, nous voulons chan-
ger tout cela. L'homme de vingt-cinq ans
nous a paru mûr pour la carrière législa-
tive, surtout depuis que dans les colléges
on a créé une chaire où l'on approfondit
l'histoire deux heures par semaine. Ton
excuse n'est donc pas recevable; ce n'est
pas tout que de connaître l'histoire et la
littérature ancienne, il faut s'occuper un
peu de ses pauvres contemporains. Choi-
sis-donc dès aujourd'hui un journal, car
un journal c'est l'enseigne de l'opinion.
—Mais toi-même, reprit Eugène, comment penses-tu donc? — Oh! moi, c'est
bien différent, je suis militaire, et par un
axiome politique la force armée est essen-
tiellement obéissante, ce qui fait que je
suis de l'avis de tout le monde, surtout
des dames, et que rarement je suis obligé
de déraisonner; non que je n'aime beau
coup cette espèce de plaisir; déraisonner
littérature, c'est par fois amusant; dérai-

sonner amour, est-il rien de plus joli ? mais déraisonner politique ! fi donc ! c'est ôter à la folie son grelot, pour l'armer d'un tam-tam. Mais il est tard, on m'attendrait pour dîner ; assez causé. Adieu, Eugène : à demain à pareille heure.

Et le lendemain l'exact Eugène à cinq heures se faisait annoncer chez M. d'Herbecourt et franchissait la porte du salon, dont un seul battant s'était ouvert pour lui. Il tremblait, mais il croyait que ce n'était que timidité. M. d'Herbecourt, Alfred et sa sœur réunis attendaient leur monde de la soirée. Eugène arrivait le premier. Il ignorait encore qu'on dût retarder d'une heure au moins le dîner de ceux qui vous invitent. Il fut reçu par le père d'Alfred avec une civilité qui n'a rien de froid ni de hautain ; son jeune ami, en le présentant à sa sœur, ne manqua pas de lui raconter l'histoire du pauvre et du parapluie. M. d'Herbecourt serrait la main de sa fille, Eugénie rougissait, et Eugène était tout décontenancé.

Pendant une demi-heure qu'ils furent seuls encore, M. d'Herbecourt causa avec Eugène, qui, remis de la première émotion, lui laissa voir beaucoup de raison ; Eugénie lui adressa quelques questions dictées par l'intérêt, Eugène dans ses réponses montra beaucoup de sensibilité. Enfin l'on était content de lui, quand on annonça des convives. Alfred entraîna son ami dans un coin du salon. — Viens, lui dit-il, nous serons plus libres de ce côté, je pourrai te faire connaître les membres ordinaires de notre réunion, et t'éviter ainsi bien des bévues. Lorsqu'on se présente dans une maison, pour ne dire rien qui offense, rien qui déplaise, qui rappelle un souvenir douloureux, il faudrait savoir l'histoire entière des personnes qui la composent, surtout à cette époque où l'hérésie politique vous concilie en un instant pour toujours la haine ou le mépris. Quel courroux n'aurais-tu pas à craindre, par exemple, si tu faisais résonner le moindre mot sentant les droits des peuples aux oreilles de cette femme charmante que tu vois entrer; écoute, elle salue, sa voix a le timbre le plus flatteur. Au seul nom d'idées libérales, tu l'entendrais tonner avec furie, toute défigurée de sa passion olygarchique, dans une cause différente, aussi chaude et non plus belle que Mirabeau. Autrefois elle avait encore quelques momens lucides; mais comment les idées nouvelles pourraient-elles trouver grâce devant elle? Le colonel dont elle reçoit les hommages d'un air si hautain l'a négligée pour insérer quelques articles dans l'*Indépendant*, et plus tard l'a tout-à-fait oubliée pour la *Minerve*.

— Pourquoi portes-tu des regards d'inquiétude sur ce jeune homme qui cause avec ma sœur après l'avoir saluée. Contemple-le, si tu veux voir un de ces fats haïs des hommes, moqué des femmes, outrant le goût du jour pour se faire remarquer, dénigrant tout ce qui, depuis trois ans, n'a pas servi à tout Paris d'échantillon pour les modes étrangères. Gustave est un de ces malheureux ; il s'approche avec affectation de l'oreille d'Eugénie : je parierais qu'il lui dit une chose plate et triviale. Mais il a vu qu'on le regardait, et il se donne ainsi un air d'aisance et de familiarité, que par une fausse discrétion il saura convertir en succès. M. Daignant, qui présente sa sœur d'un air si grave, a trouvé un autre moyen de cacher sa nullité. Il affecte un silence de méditation, les yeux fermés, les jambes croisées, les mains jointes, tournant les pouces l'un autour de l'autre avec une incroyable rapidité ; il écoute, et de temps en temps secoue la tête tantôt horizontalement, tantôt verticalement. Il a cédé toutes ses facultés parlantes à madame sa sœur, qui, depuis que son mari a obtenu une place, est devenue l'orateur du ministère. Elle partage son affection entre six enfans et tous les ministres, tour à tour femme de ménage et champion du système de bascule. Lorsque j'allai l'inviter au nom de mon père, mère soigneuse elle tenait à la main un des vêtemens de ses enfans, et

Y réparait du temps l'irréparable outrage.

Mais peu à peu le démon politique s'empara d'elle. Elle m'entama un long discours sur la balance des intérêts européens, que de temps à autre elle interrompait pour aiguiser avec ses dents le fil qu'elle allait introduire dans le casque d'une aiguille. Heureux esprit qui se partage entre l'Europe et un surjet !

Alfred aurait encore continué de tracer quelques portraits, mais on vint annoncer qu'on était servi ; Eugène, imitant ce qu'il voyait faire, offrit en tremblant la main à la ménagère ministérielle, pour la conduire dans la salle à manger. Là, son œil inquiet chercha sur chaque couvert la carte qui portait son nom. La malice d'une maîtresse de maison exerce là souvent de petites vengeances; la rivale qu'elle redoute est éloignée de celui dont les hommages la flattent, et le malheureux frémit et soupire en lisant près du sien le nom d'une confidente maligne chargée de les désoler, ou d'un sot qu'on a invité pour l'ennuyer jusqu'au dessert. Eugénie tremblait; combien la conversation lui serait pénible avec un inconnu! Ses terreurs heureusement étaient vaines; sa place avait été fixée près d'Alfred. — A qui dois-je cette touchante attention, lui dit-il tout bas? — A ma sœur, répondit son ami; tu ne sais pas encore combien elle est bonne. Et pendant le repas il ne cessa de lui parler d'elle. Il lui raconta que son père resté veuf à l'époque où sa fille touchait à sa seizième année avait reporté sur elle sa tendresse et sa confiance; depuis ce temps elle avait rempli les devoirs d'une mère pour Alfred, d'une compagne pour M. d'Herbecourt. — Vois, ajoutait son heureux frère, vois avec quelle grâce elle fait les honneurs, elle interroge les goûts, prévient les désirs! son œil vigilant est partout. Remarques-tu cependant qu'il se dirige plus souvent de ce côté; il se fixe sur nous; elle voit que nous nous occupons d'elle, son regard nous demande ce que nous disons: — Oui, nous parlons de toi, poursuivait-il tout bas en s'adressant à sa sœur qui ne pouvait l'entendre, mais le devinait à moitié, et je répète à Eugène que je t'aime; tu le sais bien que je t'aime, je veux qu'il t'aime aussi.

Et pendant tout le repas l'imprudent Alfred inspirait à son ami un sentiment qu'il n'était déjà que trop enclin à concevoir; mais au dessert la conversation devint plus générale. Ce Gustave, qui avait été signalé à Eugène, cherchait de fades bons mots, et si la phrase dont il se promettait de l'effet était interrompue par un interlocuteur trop vif, il la reprenait avec complaisance jusqu'à ce qu'il eût pu l'amener à terme ; Alfred le criblait des plaisanteries les plus piquantes, et, par son tour d'esprit original, terrassait son faible adversaire qu'un sot orgueil défendait mal. Eugène, silencieux, écoutait ; et, tout en pensant à Eugénie, portait envie au brillant esprit du jeune militaire, et le félicitait de son triomphe.

La fin du dîner mit un terme au débat, où l'un se piquait d'autant plus, que l'autre riait davantage et qu'on riait avec lui. On repassa dans le salon pour prendre le café et la liqueur. Eugénie avait remarqué que Eugène était timide ; elle eut pour lui plus d'attention, de prévenance : n'était-ce pas le meilleur ami de son frère ?

D'autres soins l'appelèrent bientôt; des tables furent dressées dans une salle voisine, et les joueurs furent invités à prendre place ; dans le salon restèrent ceux qui aimaient mieux entendre causer avec raison et esprit, que répéter pendant quatre heures : *misère en cœur; je passe; si monsieur veut.* Les plaisirs d'un âge moins sérieux ne furent pas oubliés. Un piano les attendait dans une pièce voisine. Eugénie y prit place la première: Son jeu n'était pas savant, mais le morceau était bien choisi; elle le comprenait, le sentait, et sa jolie main, parcourant avec aisance le clavier, exprimait sans effort ce qu'elle avait senti. Tous applaudirent; Eugène la regardait ; il avait été profondément ému par les accords traînés de l'*adagio;* mais à la mélodie vive et pressée du *rondeau,* plusieurs fois un sourire involontaire avait paru sur ses lèvres. Son âme neuve encore recevait les sensations dans toute leur force parce que les passions n'en avaient pas altéré la pureté.

Ce n'était point par une vanité déplacée qu'Eugénie avait ouvert le piano; elle n'avait voulu que préluder au triomphe de ses jeunes compagnes; elle conduisit successivement à la place qu'elle venait d'occuper de jeunes et timides talens. Pour l'une, elle réclamait l'indulgence en rappelant son âge; pour l'autre, elle provoquait l'éloge; elle demandait à celle-ci le morceau qu'elle jouait le mieux, et celle-là n'attendait pas long-temps qu'on la priât de chanter la romance qui était le plus dans sa voix.

Tant de bonté, tant de prévenance n'é-chappaient point à Eugène; il n'avait pas perdu de vue un instant la sœur de son ami; il avait besoin de lui dire combien les soins de son amitié avaient touché son cœur; l'occasion devenait favorable. L'heure qui s'avançait avait commencé à bannir la gêne qui ne cesse jamais entièrement qu'à l'instant où l'on va se quitter. Chacun n'était plus assis dans un ordre symétrique, se condamnant à un silence de dignité, l'aspect était moins noble, mais plus animé; l'on passait d'une salle à l'autre, et si l'on chantait, ce n'était plus qu'une romance sans prétention. Eugénie venait d'en accompagner une et était encore assise au piano. A la faveur du trouble, Eugène espérait approcher d'elle; il réussit en effet et il était arrivé derrière sa chaise, lorsqu'il reconnut Gustave qui, un coude placé sur le dossier et l'autre main appuyée sur le piano, la tête penchée vers Eugénie, l'entretenait à demi-voix. Eugène n'avait pas cherché à écouter, mais il entendait malgré lui. — Savez-vous, disait Gustave, que votre frère est charmant; il m'a complétement battu au dîner: — Vous avez cédé trop tôt la victoire, reprit Eugénie, et je ne me serais pas aperçue de ce que vous appelez votre défaite, si vous aviez fait meilleure contenance en quittant le terrain. — Comment donc, vous trouvez que j'avais l'air boudeur? en effet, j'étais piqué, non de la supériorité d'Alfred, mais du souris assez impertinent de son silencieux voisin. Ici, Eugène devint plus attentif; on parlait de lui. —J'aurais voulu, continuait Gustave, qu'il prît part à la discussion, j'aurais eu ma revanche; il est vrai que la gloire eût été mince. — Vos jugemens, reprit Eugénie, s'ils ne sont pas justes, sont du moins rapides; c'est la première fois que vous voyez l'ami de mon frère. — Eh! mon Dieu je le sais déjà par cœur. Il appartient à cette classe de pédans qui, sous une mise négligée, veulent laisser apercevoir un esprit trop élevé pour de semblables soins, et voudraient qu'on prît leur silence obstiné pour celui de la méditation. Mais je les connais, ils se mettent mal par défaut de goût et se taisent par nullité. — Votre critique est amère et déplacée, reprit Eugénie d'un ton sévère, l'antagoniste que vous dédaignez, par ses connaissances a déjà mérité l'estime de mon père, et par sa douceur toute l'amitié d'Alfred. Vous me pardonnerez d'être plus favorablement disposée envers celui que M. d'Herbecourt appelle un homme et mon frère un ami.

Eugène, que l'injure avait peu ému, fut touché de l'apologie, et se baissant de manière que sa tête se trouvait presque entre celle d'Eugénie et de Gustave. — Ah! mademoiselle, lui dit-il, vous aviez déjà excité mon admiration, et maintenant je vous dois toute ma reconnaissance. L'éloge ne m'avait jamais paru si doux. Puis se tournant vers Gustave : — Vous me permettrez, lui dit-il, monsieur, de ne pas vous remercier. Le critique partit et permit à Eugène d'exprimer tout ce qu'il sentait. — Combien je vous suis redevable, lui disait-il d'un ton de voix attendri; seul, au milieu de cette foule où je me croyais étranger, vous ne m'avez pas méprisé, vous avez bien voulu être mon protecteur. Je le sens bien, je dois être déplacé dans ce monde qui m'entoure, leur ton, leurs manières sont neuves pour moi; mais ce que vous dites, ce que vous faites, je le comprends, je le sens. Eugène épanchait son cœur, il parlait sans peine, sans efforts. Eugénie l'écoutait en rougissant un peu; mais le monde qui survint interrompit ce premier entretien. Eugène parcourut les salles d'un pas plus assuré, d'un air plus ferme; il était fier, mais il était bien plus content d'avoir parlé.

S'il est vrai que l'homme malheureux a besoin d'être seul, celui qui est heureux d'une joie secrète a besoin aussi de la solitude. Il semble que l'on redoute le grand monde pour la félicité qu'on renferme en

son cœur, comme on craint le grand air
pour une liqueur précieuse. Mais un ami
vaut encore mieux que la solitude; le mys-
tère des épanchemens, lorsqu'il n'est pas
nécessaire pour moins souffrir, est si doux
pour jouir davantage! Eugène voulait se
dérober aux conversations qui l'entouraient. Ignorant qu'on dût s'esquiver d'une
société comme si l'on craignait quelque
reproche, il eut la malhonnêteté de saluer
tout le monde, et au moment où, pour la
dernière fois il courbait le dos, ses yeux
aperçurent un sourire d'une supériorité
dédaigneuse sur les lèvres de Gustave. Il
sortit : et bientôt dans la rue il repassa en
causant tout haut avec lui-même, comme
pour mieux s'entendre, tous les instans
de la soirée où il avait vu, où il avait entendu Eugénie. — Elle a pris ma défense,
disait-il, comme elle est bonne! autant
qu'elle est jolie! et en parlant ainsi, sa démarche animée ressemblait assez à celle

d'un homme qui saute de joie. Il dormit peu ; le bonheur a son insomnie aussi, mais celle-là ne paraît pas longue. Le lendemain soir il devait donner sa première leçon à Alfred ; il travailla pour que les heures s'écoulassent plus vite ; mais il était distrait, et souvent la montre était consultée. Il fut fidèle au rendez-vous : il avait même un peu devancé l'heure. Lorsque la leçon fut achevée, Alfred offrit à Eugène de venir souhaiter le bonsoir à sa sœur ; et les jours qui suivirent l'heureux maître fut ainsi récompensé de sa complaisance. Combien ces soirées avaient de charme pour lui ! initié peu à peu aux mystères de la famille, les caractères se montraient à découvert devant lui. Eugénie acquérait ainsi chaque jour de nouveaux droits à sa tendresse. Eugène aussi, moins gêné, pouvait quelquefois laisser entrevoir toute la douceur de son âme ; s'il avait eu vingt ans de plus, son ingénuité eût été de la bonhomie. La plus tendre intimité l'attacha bientôt à cette famille ; un charme secret l'y attirait sans cesse : que de dangers pour un cœur neuf encore ! Eugène était bien aimant ; Eugénie bien belle et bien aimable ; Alfred bien imprudent. Idolâtre de sa sœur, il voulait que son ami l'aimât comme lui. Sans cesse, pour lui faire mieux apprécier sa bonté, son esprit, il le rapprochait d'elle. — Tu es digne de connaître Eugénie, lui disait-il, et je ne suis pas jaloux de toi : tous les autres sont des fats qui l'aiment mal, ou des imbéciles qui ne la comprennent pas. Je veux qu'elle t'aime aussi ; elle m'a déjà dit que ton caractère, quoiqu'un peu triste, lui plaisait beaucoup, et dernièrement, quand tu parlais de tes malheurs, elle avait quelques larmes dans les yeux. Ne trouves-tu pas délicieuse l'amitié qui, je l'espère, bientôt régnera entre nous ? moi, j'aurai en toi mon confident en chef, et quand j'irai rejoindre mon régiment, Eugénie aura encore un frère.

Ici se passa tout un été; M. d'Herbecourt, pour permettre à Alfred de continuer son travail, avait facilement obtenu un prolongement de congé; et pendant tout ce temps rien ne changea dans l'amitié des deux jeunes gens, dans les fréquentes visites d'Eugène. Mais quelle révolution s'était faite dans l'existence de celui-ci! Cette mélancolie douce s'était changée en un profond chagrin qui le dévorait, ce n'était plus cette ancienne ardeur du travail qui le récompensait de toutes ses peines. Une seule pensée occupait son cœur; Eugénie l'avait captivé.

En vain se représentait-il à lui-même que son fol amour ne pouvait lui causer que des peines; en vain s'était-il mille fois dit à lui-même qu'Eugénie, riche, entourée d'adorateurs, ne pouvait s'abaisser jusqu'à lui. Une passion insurmontable l'entraînait toujours à d'absurdes mais flatteuses chimères. — Du moins si elle connaissait mon amour! disait-il, mes peines seraient adoucies, je souffrirais moins. Plein de cette idée, il prit la résolution de se déclarer : Eugénie était trop bonne pour s'irriter d'un pareil aveu; d'ailleurs ce n'était qu'un secret accablant qu'il demandait à épancher dans son âme. Il ne demandait rien, il n'espérait rien, du moins il le croyait : comme si l'espérance n'était pas la compagne souvent invisible, mais toujours fidèle, du désir. Sa résolution était prise, et vingt fois il avait trouvé une occasion favorable, sans avoir osé en profiter. Seul avec Eugénie, sa conversation devenait languissante; il se taisait de longs instans pour réfléchir s'il devait parler; lorsqu'il était décidé, il ne pouvait le faire brusquement, il fallait amener la conversation sur un point voi-

sïn de celui d'où il voulait partir, et pendant son hésitation et les manœuvres pré-
paratoires l'occasion échappait, et Eugène maudissait sa timidité et s'encoura-
geait pour l'avenir.

Un soir Eugène, après avoir travaillé
avec Alfred, descendit avec lui chez
M. d'Herbecourt. Ils trouvèrent Eugénie
seule dans le salon ; son père discutait
quelques affaires d'intérêt dans son cabinet. Eugène se félicitait de pouvoir passer
près de son ami plusieurs soirées par semaine. — Mais, dit Eugénie, comment em-
ployez-vous celles où nous n'avons pas le
plaisir de vous voir. Pardonnez-moi ce
petit mouvement de curiosité, je n'ai jamais pu me faire une idée de la vie d'un
jeune homme séparé de sa famille. — Je
puis satisfaire ta curiosité mieux qu'Eugène, dit Alfred, et mes nombreux amis
m'en donnent le moyen. Le plus grand
nombre des jeunes gens de province qui

se rendent à Paris pour étudier, privés
de toute espèce d'affections, entièrement
abandonnés à eux-mêmes, se logent ordi-
nairement dans un hôtel garni, dont le
rez-de-chaussée est occupé par un café. Ils
n'ont qu'à descendre pour aller déjeuner
et jouer ensuite au billard; ils ont un
compte ouvert pour toutes ces dépenses
qu'ils soldent aussitôt que la pension arrive du pays. Habitués de la maison, ils
appellent le maître du café par son nom,
causent familièrement avec la maîtresse,
se promènent en causant tout haut et as-
saisonnant la lecture du journal de réflexions qui, pour être quelquefois piquantes, n'en étourdissent pas moins celui
que la pluie ou un rendez-vous fait entrer
dans le séjour privilégié. Le soir, ceux
que le bon goût n'a pas encore abandonnés, se pressent à l'ouverture des bureaux
de spectacle, et ceux que l'oisiveté a tout-
à-fait gâtés, vont s'enfermer dans une

ignoble tabagie. D'autres, plus raison-
nables, se mettent en pension dans quelque petite maison bourgeoise, et vivant à
moins de frais, gagnent du temps et de la
santé. La première classe forme une foule
de sociétés ou coteries mangeantes, bu-
vantes et chantantes, et s'appellent épicu-
riens, parce que l'on est convenu maintenant de chercher la philosophie d'Epicure
sous la table. Les seconds ont des réunions
de travail, où tout est organisé avec ordre;
des questions de droit, de médecine, sont
proposées, discutées, résolues. Quelques
autres enfin, dirigés par de sages conseils,
et préludant à de glorieux travaux, ras-
semblés par l'indulgence, présidés par
quelques sages, soumettent à une critique
éclairée les premiers essais d'une plume
novice... Oh! oh! neuf heures et demie,
on doit sortir de table chez madame St.-
Hilaire. J'ai promis de me trouver à sa

soirée, je vais m'y montrer un instant ; dans une demi-heure je suis à vous.

— Vous vous êtes rangé sans doute dans la dernière classe dont vient de parler mon frère, dit Eugénie à Eugène après un moment de silence et d'embarras ? — J'avoue, répondit-il, que je suis bien un peu de ceux qui vont au spectacle, et en ce point je suis tout-à-fait le torrent de notre siècle pour qui ce goût est une fureur. Mais j'ai souvent à gémir de voir mes plaisirs troublés. Dans les théâtres du second ordre on sent trop que les directeurs et les auteurs spéculent sur des succès : on s'y bat pour le bon goût ; dans les autres, tout homme raisonnable est obligé de s'exiler du parterre, place trop dangereuse depuis que l'esprit de parti s'y asseoit : on s'y bat pour opinion ; l'intolérance littéraire est à son comble ; depuis deux ans il a été donné plus de cartels au spectacle que dans tout le reste de

Paris, et l'école des mœurs est convertie en champ de bataille. — Pardon, si j'ose vous faire une objection, trouvez-vous que le théâtre aujourd'hui soit bien une école de mœurs ? — Je le crois, dit Eugène ; et, quoiqu'aux tableaux vrais on substitue souvent aujourd'hui l'intérêt des situations, je sens qu'en sortant d'une représentation mon cœur est plus disposé au bien. Il semble que l'émotion que je viens d'éprouver ait ouvert mon âme à l'amour de la vertu, à l'horreur du vice, au sentiment de la pitié. Quand je viens de voir une bonne pièce, jamais un pauvre ne m'implore en vain ; hier soir, par exemple (ici la voix d'Eugène commença à s'altérer), hier soir un homme s'approcha de moi au moment où je sortais du spectacle. Il me raconte ses malheurs, et je m'apprête à lui donner une pièce de monnaie, lorsqu'en tirant la bourse que vous avez eu la bonté de me faire, je me rappelle votre bienfaisance, le pauvre du boulevart, et je quadruple mon offrande au malheur. L'homme étonné de la somme me prend la main et me la serrant: — Je prierai pour vous, me dit-il d'un son de voix ému. — Priez pour deux, lui répondis-je en regardant votre bourse, ne voulant me séparer dans ses vœux de reconnaissance de celle dont l'image est toujours dans mon cœur. Elle y est entrée avec une bonne action, et présidera à tout ce que je ferai de bien dans ma vie. Mais vous détournez la tête ; ce que je viens de dire aurait-il pu vous irriter? mon amour était donc encore un secret pour vous? vous ne l'aviez jamais lu dans mes yeux ? Ah ! je vous en supplie, rompez ce silence qui me tue. Eugénie hésita long-temps, et son père entrait lorsqu'elle disait doucement : — Ah ! M. Eugène, ce que vous venez de dire là me fait bien de la peine. Depuis ce jour elle évita toute occasion de se rencontrer seule avec Eugène, et celui-ci, qui avait cru adoucir son sort en dévoilant son funeste secret, vit désormais celle qui l'avait traité en ami s'armer contre lui de froideur et de réserve. Eugène n'avait voulu qu'être plaint, et il avait inspiré de la crainte. Mais si Eugénie le fuyait, il savait la retrouver partout. Adroit à s'informer des lieux où l'attirait un devoir, un plaisir, il l'y devançait; mais en jouissant de sa présence, il savait se soustraire à ses regards.

Un jour qu'elle s'était plainte d'une migraine, Alfred propose le lendemain de bonne heure une promenade au bois de Boulogne dans son cabriolet. De grand matin Eugène y était et parcourait les allées fréquentées par les voitures; il craignait déjà de ne pas voir celle qu'il attendait, lorsque de loin il aperçut un cabriolet emporté par un cheval au grand galop et que les rênes ne pouvaient plus retenir ; ses alarmes lui avaient déjà nommé Alfred et sa sœur avant de les avoir vus. Il les reconnaît, et avec la rapidité de l'éclair s'élance pour arrêter le cheval, qui le renverse, lui casse la jambe et s'arrête près de là comme étonné du mal qu'il vient de faire. En un instant Alfred est descendu, a couru à son ami et le tient dans ses bras, il le place dans son cabriolet, que jusqu'alors il a cru élégant et qu'il trouve maintenant si incommode. A peine son ami blessé peut-il trouver une place dans cet étroit ovale. Alfred tient le cheval par la bride et le fait marcher avec précaution ; c'est ainsi qu'il conduit Eugène chez son père, dont la demeure plus rapprochée lui évite la moitié d'un pénible trajet. M. d'Herbecourt s'empresse de recevoir le camarade de son fils, et fait appeler un chirurgien qui remet la fracture et ordonne beaucoup de repos : et tout cela d'un ton à faire peur, parce que nos grands opérateurs ont établi qu'on ne saurait être bon opérateur sans être brutal. Avec quel zèle, quelle attention, tous les soins lui furent prodigués! Alfred ne le quittait pas, Eugénie lui tenait souvent compagnie, M. d'Herbecourt applaudissait à l'empressement de ses enfans; et Eugène au milieu de toutes ces consolations souffrait avec un courage résigné. On craignait pour lui l'ennui d'une longue solitude, et aussitôt qu'il put entendre causer sans se fatiguer, le père d'Alfred réunit le soir dans la chambre du malade quelques amis intimes de la maison qui connaissaient et aimaient Eugène. Alfred était près du lit qui, éloigné quelque peu de la muraille, laissait un passage par lequel on approchait plus commodément du malade. Le reste de la société formait une espèce de cercle qui commençait à Alfred. La conversation d'abord languissante s'anima bientôt, et, pour ne pas déroger à l'usage, commença par les nouvelles politiques. Chaque parti débita les bruits les plus opposés; retenu par la présence de M. d'Herbecourt, dont on connaissait la raison et la sagesse, on gardait dans les discours cette retenue dont on n'est que trop porté à s'écarter dans de pareilles discussions, et avec toute la politesse possible, avec toutes les précautions de la plus scrupuleuse urbanité, on s'accusait réciproquement de vouloir incendier la France. On se supposait mutuellement les projets les plus horribles, et lorsque la personne attaquée repoussait avec indignation de pareilles pensées, — Eh! mon Dieu, lui répliquait-on aussitôt, je sais bien que vous ne voulez pas de tels excès parce que vous êtes bon, parce que vous n'êtes qu'égaré. Mais c'est là ce que veut votre parti. On s'adressait à M. d'Herbecourt qui, cherchant à calmer les passions, répétait à ses concitoyens : — La nation française ressemble maintenant à un homme spirituel qui sort d'une longue maladie. Ses amis cherchent avec inquiétude dans ses traits décomposés les traits qu'il ont chéris. Ils étudient son esprit qui, après une longue secousse, commence à se remettre; ils attendent avec impatience la saillie qui les charmait autrefois, la saisissent, la répètent, mais alarmés encore parce qu'ils ont beaucoup craint, au moindre mouvement ils redoutent le délire.

Pendant la fin de cette discussion Eugénie avait pris la timbale d'argent et présentait à Eugène une boisson bienfaisante en l'encourageant à souffrir. Déjà la conversation avait changé de sujet; l'inconstance naturelle des discours avait été aidée de la gêne où se trouvaient des gens forcés de parler politique sans crier, parce qu'il y avait un malade dans la chambre, et sans disputer, parce que le maître de la maison était un homme raisonnable. Un jeune homme, de retour en France depuis 1815, attaquait sans ménagement nos institutions, nos mœurs. Elevé loin de nous, dans l'admiration du dix - septième siècle et la haine du nôtre, il nous refusait tout avec plus d'amertume encore qu'un vieillard morose qui loue le temps et les illusions de sa jeunesse. Dans quelle espèce de gloire notre âge, disait-il, pourrait-il le disputer au grand siècle? quels généraux a-t-on comptés depuis Turenne? qu'avez-vous vu de galant depuis les fêtes de Versailles? Dans vos cercles les plus brillans je n'ai vu que des négocians, des financiers; et parmi vos dames, je n'ai pas trouvé de Sévigné. Il n'avait pas achevé, que plusieurs réclamèrent avec bruit contre une pareille opinion, tandis que quelques - uns approuvaient tout bas. Ce mouvement de la petite assemblée fut mis à profit par Eugène. Sa garde fidèle était restée près de lui, le

coude appuyé sur le chevet de son lit et
l'autre main posée près de l'oreiller, elle
écoutait la conversation. Pendant la rumeur qui s'était élevée, Eugène fit un effort, et malgré la douleur qu'il éprouva, sa
main, en se glissant, parvint à saisir celle
d'Eugénie ; elle fit un mouvement pour la
retirer, mais l'œil d'Eugène était si suppliant qu'elle n'en eut pas le courage. Le
calme s'était rétabli, et Alfred avait pris la
parole. — Des généraux ! s'était-il écrié ;
ou il faut admettre que l'art militaire est
en décadence chez toutes les nations de
l'Europe, ou il faut accorder que nous
avons fait des progrès, puisque pendant
vingt-cinq ans notre supériorité n'a pu être
balancée. Si vous n'avez lu nos faits d'armes que dans les gazettes étrangères, ils
ont dû, il est vrai, vous paraître moins
brillans ; mais ceux mêmes qui avaient eu
à souffrir de nos exploits ont été bientôt
forcés de les reconnaître, et la France,

prête à tomber, s'est appuyée sur un trophée. — Bien! bien! dit-on à Alfred qui
s'était arrêté en s'apercevant que son zèle
allait l'emporter trop loin. Mais l'ardeur
martiale qui l'avait un instant animé cédant à un sourire où il y avait peut-être autant d'ironie que de grâce : — Quant à
la rudesse de nos formes, je suis presque
obligé de rendre les armes; il est vrai qu'on
méconnaît presque entièrement aujourd'hui le code de cette aimable galanterie,
que quelques ignorans ont appelée impudent libertinage. L'art de la séduction n'a
plus de ces élégans desservans, qui entreprenaient le déshonneur d'une femme par
règles et par principes, dont le nom volait
de la ruelle aux plus brillans salons, et
dont les hauts faits nous étaient conservés
dans les chroniques scandaleuses de roués
invalides, mais qui du reste ne se présentaient jamais devant les dames que sortant tout ambrés d'une chaise à porteurs,

et rétablissant avec l'indispensable peigne le désordre de leurs marteaux. Et je vous le demande, ne vaudrait-il pas mieux avoir les mœurs tant soit peu dissolues de la ré- gence, et ne pas se présenter en bottes dans un salon? Ici retentirent les bruyans éclats d'un ancien cornette qui, depuis vingt- trois ans, pour conserver un air militaire, n'avait pas quitté la cravate noire et les bottes collantes. Le rire se communique comme le bâillement; bientôt la gaîté du cornette fut partagée, et pendant cette in- terruption la conversation reprenait au chevet du lit. — Vous souffrez, disait Eu- génie à Eugène, qui, pour conserver sans être aperçu la main qu'il pressait, se te- nait dans une fausse position. — Ah! lui répondit-il, que tous mes maux seraient promptement oubliés si ma tendresse était partagée. Le jour où j'ai été blessé serait le plus heureux de ma vie, si mes dou- leurs obtenaient de vous un aveu si dé-

siré. Eugénie restait muette, et l'assemblée,
voyant M. d'Herbecourt se disposer à parler, avait fait silence. — Parmi les accusa-
tions dont M. de Sonanville veut flétrir
notre pauvre siècle, il en est une à laquelle
la vérité et plus encore mon cœur me font
un devoir de répondre. Il est certain que
lorsque l'on n'a étudié les mœurs du commerce et de la finance que dans *l'Ecole des
bourgeois* et dans *Turcaret*, il est difficile
de se faire une idée bien juste de ces deux
classes de la société. Mais est-il une erreur
plus grossière que de juger l'industrie par
le colporteur qui va de village en village,
ou le détaillant de nos rues fréquentées,
dont le génie semble aussi étroit que le ma-
gasin? doit-on juger la finance par l'avare
usurier qui chaque samedi parcourt les
marchés, exigeant l'exorbitant intérêt de la
modique somme qu'il a prêtée pour une semaine, et dont vingt malheureux se rendent solidairement responsables ? Mais

voyez pendant vingt-cinq ans de guerre et de privations l'industrie luttant contre le besoin et nous affranchissant des tributs payés à l'étranger. Voyez le commerce s'enrichir des découvertes des sciences, et nos savans appliquer enfin à l'utilité de leurs concitoyens des connaissances péniblement acquises et long-temps infructueuses; et avouez que de tels commerçans honorent les sociétés où vous vous plaignez de les rencontrer. Ignorant les changemens survenus dans nos mœurs, vous nourrissez encore aujourd'hui le mépris mérité autrefois par quelques avares traitans. Mais quel rapport trouvez-vous entre cet épais fermier général, instrument rigoureux de lois sévères, n'ayant pas assez d'or dans tous ses millions pour couvrir sa nullité, et ce banquier dont les relations s'étendent d'un bout à l'autre du monde connu, qui est appelé par un peuple entier à défendre ses droits, et qui

d'une main soutient un gouvernement
obéré et de l'autre verse aux pauvres chaque
année les appointemens d'un ministre. Ces
paroles de M. d'Herbecourt furent suivies
d'un murmure approbateur. Mais Eugène
ne pouvait prendre part à la conversation ;
déjà plusieurs fois il avait répété ses solli-
citations tout bas, et Eugénie, vaincue par
le souvenir de ses douleurs, lui disait à
demi-voix, et en rougissant :—Ah ! s'il ne
fallait que vous être attachée pour que
vous fussiez guéri !..... Si la lumière n'eût
pas été éloignée pour laisser reposer les
yeux d'Eugène, on aurait vu briller sur
son visage l'expression de la joie et du
bonheur ; il ne pouvait pas parler, mais
sa main serra la main qu'il n'avait pas
quittée, et l'expression de tous ses traits
semblait dire : — Je ne souffre plus. Mais
tandis qu'Eugène se trouvait si heureux ,
M. de Sonanville était sur les épines ; car
pour porter un dernier coup à son or-

gueil, Alfred voulait encore rompre une
lance en faveur des dames que le jeune pes-
simiste avait attaquées. — Si la finance,
dit-il, a gagné et en talens et en estime,
pourrait-on nier les heureux changemens
qui se sont opérés chez les Françaises. Également éloignées aujourd'hui du pédan-
tisme des Aramintes et de l'ignorance à
laquelle l'ignorance des hommes les avait
condamnées, les femmes, aux attraits qu'elles avaient, en ont ajouté de nouveaux qui
ne leur sont pas nécessaires pour plaire,
mais qui sont si puissans pour nous en-
chaîner. Ou poussée trop loin, ou trop
négligée, leur éducation ne leur laissait
que les charmes que leur a prodigués la
nature. Aujourd'hui, le goût le plus sage
semble guider leurs premiers ans ; la mère,
qui a dû une partie de son bonheur à la
culture de son esprit, veut que sa fille un
jour soit heureuse comme elle ; tantôt lui
donnant elle-même des leçons d'économie

domestique, tantôt l'initiant aux premiers principes de la grammaire ou de la musique, tantôt parlant à son cœur, elle lui ouvre des ressources, lui prépare des plaisirs, ou l'enrichit de vertus. On ne voit plus de Sévigné, mais combien je connais de femmes aimables, dont l'esprit dans tout autre temps leur eût fait un nom, et dont la bonté leur crée un long avenir de reconnaissance. Qu'un jour une heureuse indiscrétion nous révèle quelque correspondance, et nous verrons bien. J'aperçois déjà celle qui doit embellir mon destin : suis-je gai, par les vives saillies d'un esprit enjoué elle ajoute encore à mon bonheur ; s'il survient quelque chagrin, son cœur dont elle sait dévoiler tous les trésors secrets est riche en consolation, et je souffre moins en pensant que j'ai une femme si bonne. Eugène applaudissait aux traits de ce tableau en regardant Eugénie, et ses regards semblaient lui attribuer chacune des qualités dont son frère parlait. Il était heureux, mais son bonheur fut court; bientôt l'on se sépara, et les jours qui suivirent, Eugénie, instruite de sa propre faiblesse, fut encore plus attentive à se surveiller elle-même.

La tristesse d'Eugène augmentait tous les jours. Un dernier malheur vint y mettre le comble; simple par goût et timide par caractère, il n'avait jamais sollicité, et avait dû son faible avancement à une justice forcée, plutôt qu'à des protecteurs obligeans. Sa maladie avait été longue, son zèle ne plaidait plus pour lui ; on oublia son talent, et sa place lui fut ôtée. Il cacha soigneusement cette nouvelle à Alfred ; elle lui aurait donné trop de regrets. Que de chagrins alors le dévorèrent! Il avait perdu sa seule ressource ; il craignait d'être à charge à des étrangers; et se pénétrant chaque jour de l'affreuse certitude qu'Eugénie ne pouvait être à lui, il hâtait de ses vœux le moment où, retrouvant ses forces, il pourrait retourner dans sa modeste demeure ; peut-être n'y retrouverait-il pas cette tranquillité qui avait présidé si long-temps à ses travaux, mais du moins ses tourmens ne seraient pas augmentés par la présence continuelle d'Eugénie. Il fit plus : résolu à faire son devoir, à ne plus troubler le repos d'une famille par de criminelles persécutions , il voulut s'éloigner, et écrivit à un de ses amis, qui lui avait offert une éducation en pays étranger avant l'accident qui lui était arrivé. Content de son courage, il souffrit moins. Il est si consolant d'être satisfait de soi-même. Peu à peu il retrouva la santé, et on lui permit une première sortie. — C'est moi qui t'accompagnerai, lui dit Alfred, qui, chaque jour présent à la visite du chirurgien, attendait avec inquiétude qu'il eût prononcé sur l'état de son jeune malade. Où veux-tu que je te conduise?—Il y a bien long-temps, lui dit Eugène en lui prenant la main, il y a bien long-temps que je n'ai vu le tombeau de ma mère. Celui qui a moins de vivans à chérir reste plus fidèle à la mémoire des morts. — Que ta tristesse m'afflige ! Eh ! bien, je te menerai jusque là en cabriolet. N'aie pas peur, tu m'as rendu prudent, pauvre ami! nous descendrons ensemble, et tu chemineras doucement appuyé d'un côté sur mon bras, de l'autre sur la canne à corbin qu'on a rajeunie si à propos pour toi. Ils partirent; ils marchèrent au pas, et Alfred se félicitait des progrès de l'art du carrossier : — Pas un cahot, répétait-il, pas une secousse, je suis plus heureux qu'un roi ; Henri IV n'avait pas de soupentes. Ils traversèrent ainsi Paris et arrivèrent à ce vaste champ du repos, où dorment tant d'objets chéris. L'esprit tout plein de son projet d'éloignement, c'était un adieu qu'Eugène venait dire au tombeau de sa mère. Il allait partir pour une terre étrangère : là, il ne trouverait que des hommes indifférens, que des tombeaux sans souvenir. Assis près du simple monument, il s'abandonnait à ses sinistres pensées, et, debout devant lui, les mains jointes, Alfred le contemplait avec émotion ; il ne parvint qu'avec peine à l'arracher de ce lieu où l'excès de sa douleur pouvait lui être funeste. Eugène était fatigué, il ne put regagner la voiture sans se reposer, et les deux amis s'assirent au bord d'un chemin, sur quelques pierres destinées à peser sur le cadavre d'un riche. — Que ce champ est vaste, dit Alfred ! combien la solitude et le silence ajoutent à la majesté de ce lieu ! Il avait l'âme aussi rétrécie que barbare, celui qui, le premier, entassa les morts dans l'enceinte des villes. — Ils étaient bien plus barbares encore, reprit Eugène, ceux qui ont violé l'asile de la

mort et ont arraché à la terre les dépouilles qui lui avaient été confiées. J'ai
vu des mercenaires enfoncer la bêche et la
pioche dans la poussière des tombeaux,
fracasser d'une main sacrilége les cercueils
que le temps avait encore respectés, fou-
ler aux pieds ces ossemens sacrés qu'ils li-
vraient ensuite à des enfans comme des
jouets de leur âge, sans savoir si c'étaient
les restes d'un parent ou d'un ami. Tous
les cimetières de Paris ont ainsi porté leurs
saintes richesses à un dépôt commun, et
là, comme les marchandises des hommes,
on a étiqueté les ossemens de nos pères ; si
des raisons de santé forçaient à éloigner ces
dépôts de la demeure des vivans, ne pouvait-on isoler l'enceinte sacrée en abattant
quelques maisons ; ce que l'on fait chaque
jour pour l'embellissement de la ville, ne
pouvait-on le faire par piété ? — Je partage ton indignation, mon bon ami ; mais
les ministres de la religion ont eux-mêmes

autorisé la profanation. Il y a quelques années, à quarante lieues de Paris, dans une de ces jongleries expiatoires dont on a attristé la France, des prêtres, dans une procession solennelle, ont voulu que chaque fidèle, au lieu d'un cierge, portât à la main un os dérobé au cimetière, et pour expier des fautes inconnues ou oubliées, ils ont commandé une impiété publique... — Mais ne reconnais-tu pas Ernest? — Oui, c'est bien lui; il vient à nous. — Et par quel hasard te trouve-t-on ici; ton costume n'annonce pas qu'un motif malheureux t'y ait conduit? — Tu ne le croirais pas, dit Ernest d'un ton léger et assez inconvenant pour le lieu où il se trouvait; c'est une passion naissante qui m'a amené ici. Et comme il remarquait l'étonnement de ses deux anciens camarades : — Je passais il y a une heure sur le boulevart, continua-t-il, pour aller au manége, lorsque je me suis trouvé ar-

rêté par le convoi d'une jeune fille. Ce cor-
billard blanc et noir, ces deux files de jeunes vierges toutes vêtues de blanc, à moitié couvertes de voiles, armées de cierges
et marchant en silence, tout cela m'a surpris; mais j'ai été frappé d'un étonnement
bien plus agréable, en remarquant parmi
celles qui occupaient les coins du corbil-
lard une jeune personne dont la pose était
réellement parfaite, et je l'eusse prise pour
une belle statue antique pleurant sur un
monument, si la fraîcheur de son teint et
la vivacité de ses regards n'avaient assez
indiqué qu'elle n'était pas de marbre.
Poussé par quelque chose de plus que la
curiosité, je l'ai suivie jusqu'ici en cherchant à me faire remarquer d'elle, et je ne
l'ai quittée qu'à l'instant où elle est remon-
tée en voiture. — Levons-nous, dit Eugène,
je ne suis plus fatigué. — Eh! bien, reprit
Ernest, tu as l'air tout fâché; que veux-
tu donc! est-ce ma faute à moi, si l'on met

la coquetterie où l'on ne devrait voir que de la piété. En disant ces mots, il quitta les deux amis pour visiter en amateur, disait-il, ce cimetière qu'il ne connaissait pas. — O mon ami ! disait Eugène en hâtant sa marche, il m'a révolté ; j'aime à croire que bien peu sont aussi coupables que lui ; mais tous devant un convoi montrent une désespérante indifférence. Je ne demande pas que l'on fléchisse le genou devant le cortége funèbre, mais ne pourrait-on pas donner quelque marque de respect. Lorsque je conduisis ma pauvre mère à sa dernière demeure, durant ce trajet si long et si pénible, un seul ouvrier découvrit sa tête à l'aspect du cercueil, j'aurais voulu pouvoir l'embrasser. Cette première sortie avoit fortifié Eugène, il répéta plusieurs fois ces promenades où son fidèle ami l'accompagnait toujours. Plusieurs fois déjà il avait voulu retourner chez lui, on l'avait retenu. Mais il sentit qu'il ne pouvait rester plus long-temps; il commençait à marcher sans souffrir beaucoup et on lui avait annoncé que l'éducation qu'il demandait lui serait sans doute accordée; il allait donc partir! partir l'âme pleine d'une passion qu'il sentait devoir durer toute sa vie! partir sans être assuré qu'Eugénie avait vu les souffrances de son cœur d'un œil de pitié; sans savoir si les expressions qui lui étaient échappées près de son lit avaient été arrachées par la vue de ses douleurs ou accordées à son amour. Faudra-t-il au tourment de l'absence joindre celui de l'incertitude? serait-il donc bien coupable, si une lettre apprenait ses tourmens à Eugénie, et lui demandait en même temps un peu de pitié? il s'arrête à cette idée. La sœur de son ami, moins pressée que dans une conversation, sera plus libre dans sa réponse; il prend la plume et trace ce qui suit : « Lisez, au nom du ciel lisez ; ne rejetez pas ce billet en voyant qu'il est de moi : que ma témérité trouve grâce devant vous. C'est un adieu, un éternel adieu que cette lettre. Je vais vous quitter plus épris et plus malheureux que jamais. Si pour avoir entendu les éloges que vous donne votre frère, si pour vous avoir vue quelquefois, j'avais déjà conçu la passion qui fait mon tourment, songez combien elle a dû s'accroître depuis que vous m'avez prodigué vos soins, depuis que chaque jour, à chaque instant, les grâces de votre esprit, les vertus de votre cœur sont venues ajouter encore à mon ivresse. Le mal est à son comble; il n'y a plus qu'un seul moyen d'y remédier, c'est de vous fuir. Oui, je fuirai loin de vous, loin de tout ce qui pourra me rappeler Eugénie. N'ayez aucune inquiétude sur mon sort; pendant ma longue maladie on m'a ôté ma place, on me confie une éducation en pays étranger; je vais quitter la France, trop heureux si je ne regrettais que ma patrie. Pour prix de tant de maux je ne vous demande pas un aveu que je n'ai jamais espéré, dites-moi seulement que s'il vous eût été permis de m'aimer, vous ne m'auriez pas jugé indigne de votre tendresse; dites-moi que votre cœur ne désavoue pas ces mots si doux dont vous payâtes mes douleurs, dites-moi que vous plaignez le malheureux Eugène!» Il relisait lorsqu'Alfred entra; il n'eut que le temps de ployer son billet et de le mettre dans sa poche. — Je viens te chercher, lui dit son ami, pour courir ensemble; il faut que j'aille au ministère de la guerre et que je fasse quelques visites. Viens avec moi, nous causerons pendant le trajet; et tandis que je monterai chez les personnes à qui je ne pourrai pas faire remettre ma carte, avec un livre tu m'attendras dans la voiture. Ils partirent, et pendant le chemin Alfred cherchait à distraire la mélancolie de son ancien ami. — Regarde, lui disait-il, ce jeune homme qui brûle le pavé dans son galant tylbury, dont le garrick, élégamment suspendu derrière lui, défie la pluie par le plus beau temps, et qu'un domestique, la ceinture au corps, suit à cheval; c'est un notaire qui va stipuler les intérêts de toute une famille et recevoir une confiance qu'il ne trahira pas, car il est aussi probe en affaire que scrupuleux pour les modes. Eh bien! tu ne salues pas ce monsieur en bottes à l'écuyère, tu ne reconnais donc pas notre ancien professeur qui va faire sa classe. — Et à ton tour, dit Eugène, pourquoi ne salues-tu pas ce monsieur si poli qui ôte son chapeau si bas? — Parce que c'est mon ancien domestique, qui serait bien aise de passer pour une de mes connaissances. — Ce serait bien le cas de regretter, reprit Eugène, cette fixité de modes qui conservait à chaque partie de la société son vêtement particulier. — Ne t'y trompe pas, répondit Alfred, excepté la grande division entre la robe et l'épée, toutes les autres conditions étaient bien près de se confondre; et cette fixité que tu vantes était bien loin d'exister. Chaque événement important faisait éclore une mode, une couleur nouvelle. Compulse l'histoire, tu y trouveras la couleur Isabelle, les fichus à la Steinkerque, les bonnets à la Malborough, la couleur feu d'opéra, et à une époque plus récente les costumes grecs et les cheveux à la victime. Combien de fois aussi la mode n'a-t-elle pas été l'enseigne d'un parti, depuis les chaperons bourguignons jusqu'aux robes politiques à dix-huit plis de 1816. Aujourd'hui encore les dénominations de nos costumes ne démentiront pas le système de ceux qui veulent connaître l'histoire d'après une suite d'habits comme sur une galerie de médailles. Qui ne reconnaîtra l'époque de l'invasion à tous les noms étrangers que nous prodiguons maintenant? Ils étaient arrivés au ministère. Alfred descendit, et au bout d'une demi-heure revint avec des états de service à la main. — Il faut, dit-il à son ami, que tu me fasses le plaisir de mettre ces papiers dans ta poche, ils feraient grimacer mon habit, et tu sais que, lorsqu'on se présente chez quelqu'un, il est du plus mauvais ton d'avoir l'air en course ou en affaire. — Et où donc vas-tu, que tu tiens tant à l'étiquette? — Je vais complimenter madame de Sainval dont le fils, lui sixième, a fait un vaudeville. — Quoi! six auteurs pour une bluette, et pour nos grandes comédies jamais, je crois, deux écrivains ne se sont partagé la gloire. — Il en est des lettres comme des arts: une statue est souvent l'ouvrage d'un seul ciseau; pour faire une épingle on emploie vingt ouvriers.

Après quelques courses les deux amis rentrèrent. Eugène remit à Alfred ses papiers et se retira dans sa chambre. Lorsqu'il fut seul, il voulut relire sa lettre à Eugénie, il trouvait qu'il ne lui avait pas peint ses souffrances avec assez d'énergie. Il cherche son billet et ne le trouve plus dans la poche où il l'a mis; en vain il visite et bouleverse tous ses papiers, le plus précieux n'y est plus. Ou on le lui a dérobé, ou il l'aura perdu dans sa promenade; peut-être est-il tombé dans les mains d'Alfred; il n'ose cependant le lui redemander, l'amour rend toujours un peu infidèle à l'amitié.

Eugène espérait qu'Alfred lui parlerait de la lettre s'il l'avait trouvée; son caractère si franc, si ouvert, ne pourrait nourrir un ressentiment contre son ami. Vainement il attendit; Alfred ne lui dit pas un mot qui lui pût faire soupçonner que la lettre était entre ses mains. Déjà plusieurs jours s'étaient écoulés, les inquiétudes d'Eugène étaient moins vives, rien ne lui indiquait que son secret eût été trahi. L'instant où il allait quitter la maison de M. d'Herbecourt approchait ; il n'avait pas osé faire un nouveau billet, il se résolut à parler.

Il se rend dans l'appartement d'Eugénie et la trouve seule : enhardi par l'idée d'un départ prochain, Eugène lui peint avec plus de feu sa reconnaissance ; il ose lui parler de son malheur, lui rappeler l'espoir qu'un instant il avait conçu. Eugénie qui jusqu'alors avait évité toute occasion où il eût fallu expliquer les sentimens de son cœur, balance un instant entre son devoir et le sentiment qu'Eugène a su lui inspirer ; son devoir va l'emporter, elle va gronder l'ami de son frère, lorsque la porte s'ouvre et Alfred paraît. Son visage n'a plus cet air riant qui prête de l'amabilité à toutes ses paroles. Il s'avance, prend un siége, se place entre sa sœur et Eugène et les interroge du regard ; puis, après un moment de silence, se tournant vers son ami : — Tu m'as trompé, lui dit-il, trahissant ma confiance quand je ne te demandais que de l'amitié pour ma sœur, tu as cédé à l'amour et m'en as fait un secret ; tu n'as pas réfléchi à la fausse position où tu me mettais. Si la lettre qui m'a tout révélé était tombée entre les mains de mon père, quels reproches n'aurait-il pas eu le droit de me faire ! de combien d'imprudence [ne m'aurait-il pas accusé ! Tu as introduit chez moi, m'aurait-il dit, un jeune insensé qui, déguisant son amour sous le nom de faiblesse, cherche à couvrir ta sœur de honte ou du moins empoisonne son avenir.

— Ah ! Alfred, s'écria Eugène, tu me navres le cœur ! — Et crois-tu donc, reprit Alfred en lui saisissant vivement la main, crois-tu que tu ne m'as pas fait de peine ? crois-tu qu'en lisant ta lettre je n'ai pas gémi du plus profond de mon cœur ? quelles tristes pensées sont venues m'assiéger quand j'ai vu que cet amour qui allait faire à jamais ton malheur, je l'avais provoqué par mes éloges indiscrets, par mon zèle à te rapprocher sans cesse de ma sœur ! Je t'avais blessé, et peut-être t'en ressentiras-tu toute ta vie ; pendant ton absence dont j'étais la seule cause, on t'avait privé de ta place, tu en sollicitais une pour laquelle tu t'étais toujours senti le plus vif dégoût ; tu t'exilais, tu emportais avec toi le trait qui te déchire, et tu ne m'avais pas encore dit un seul mot de tant de peines que tu ne pouvais imputer qu'à moi ; mes yeux se sont dessillés ; j'ai vu tout le mal que je t'avais fait, j'ai dû travailler à le réparer. J'ai sollicité, j'ai fait solliciter, tes talents ont été appréciés, et je t'apporte ta nomination de bibliothécaire ; cette place honorable et lucrative te permet de continuer des travaux que la gloire peut couronner. J'entends ce regard que tu portes alternativement sur ma sœur et sur moi. Et bien, ouí, j'ai pensé aussi à ton bonheur. Je me suis accusé près de mon père; il aime ton caractère, ton talent; il a cédé à mes prières. J'avais bien des torts à réparer envers toi, il m'a permis de les expier en venant t'apporter moi-même ces bonnes nouvelles. Eh bien, vous ne me dites rien?... Tu pleures, mon frère, tu ferais bien mieux de m'embrasser; et toi, Eugénie, ce n'est pas tout de rougir, il faut encore dire qu'on est contente : il n'avait pas achevé que tous deux étaient dans ses bras. — Ah! mon frère, lui dit Eugénie, que ton cœur mérite bien le bonheur que te donne ton caractère. — Mon caractère, dit Alfred, c'est celui de mon pays. Si je vaux quelque chose, c'est que le Français est bon.

IMPRIMERIE DE COSSON.